I LOVE
아이러브
팝스 잉글리시
POPS ENGLISH

초판 인쇄일 2026년 1월 30일
초판 발행일 2026년 2월 10일

지은이 김환영
발행인 박정모
발행처 도서출판 혜지원
등록번호 제9-295호
주소 경기도 파주시 회동길 445-4(문발동 638) 302호
전화 031)955-9221~5
팩스 031)955-9220
홈페이지 www.hyejiwon.co.kr   인스타그램 @hyejiwonbooks

편집 진행 김형진, 이희경
본문디자인 박혜경, 김보라
표지디자인 안홍준
영업마케팅 김준범, 서지영
ISBN 979-11-6764-094-9
정가 17,000원

I LOVE
아이러브
팝스 잉글리시
POPS ENGLISH
김환영 지음
일부
개정판
혜지원

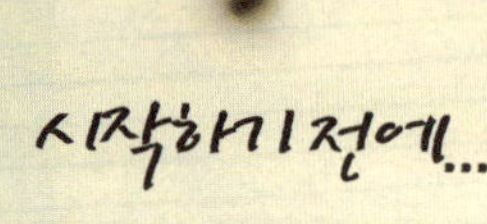

팝송으로 쉽고, 재미있고, 신나게 다시 시작하는 영어공부!
팝송과 영어를 동시에 배우고 영어에 자신감을 불어넣는다!

어느 순간부터 영어가 멀게만 느껴졌습니다.
공부해야 한다는 생각만으로도 마음이 먼저 지치고, 예전에 즐겨 부르던 팝송조차 이제는
입 밖으로 내기 망설여질 때가 많습니다. 한때는 좋아했고, 잘해보고 싶었던 영어였는데 말
이죠. 그렇게 영어는 어느새 '나와는 상관없는 일'처럼 느껴지기도 합니다.
하지만 영어는, 그리고 배움은 언제든 다시 시작할 수 있는 것 아닐까요?

이 책 『I Love Pops English』는 바로 그런 질문에서 출발했습니다. "어렵고 부담스러운 영어
가 아니라, 자연스럽게 스며드는 영어는 없을까?" 억지로 외우지 않아도 입과 귀가 먼저 기
억하는 영어, 그리고 무엇보다 "나도 할 수 있겠구나" 하는 작은 자신감을 다시 품게 하는
영어 말입니다.

저는 대학에서 영문학을 전공하고 캐나다 Carleton University에서 영어 교수법을 배웠습니
다. 지금까지 36년째 교육 현장에 몸담으며 체득한 교수 노하우는, 그게 무엇이든 쉽고 재미
있게 접근할 수 있어야 한다는 것입니다. 그런 점에서 따라 부르며 영어를 익힐 수 있는 팝
송은 그 어떤 도구보다 재미있고 즐겁게 공부할 수 있는 도구입니다.

『I Love Pops English』에는 팝송 영어 라디오 방송 10년, 팝송 영어교실 26년 동안 체득한
노하우를 모두 담았습니다. 난이도와 내용, 인지도를 모두 고려해 한국인이 가장 좋아하는
팝송 44곡을 엄선했으며, 영어 가사뿐만 아니라 한글 해석, 핵심 단어, 가사 속 주요 문장 풀
이, 핵심 문장을 응용한 대화문까지 모두 담아 영어를 깊이 있게 공부할 수 있도록 했습니
다. 거기에 영어 발음 한글 표기까지 더해 초급자도 쉽게 배우고 따라 부를 수 있습니다.

그렇다면 팝송으로 영어를 배우면 좋은 점은 무엇일까요?

첫째, 영어에 대한 자신감이 생깁니다.

팝송 3~4곡, 혹은 10곡을 자신 있게 부르면 영어에 대한 두려움과 거부감이 사라지고, 자신감이 생깁니다. 영어가 친숙해지고 재미있어지며 영어회화에 더욱 흥미가 생겨 공부하고 싶어집니다.

둘째, 발음이 좋아집니다.

영어는 리듬의 언어입니다. 노래를 통해 자연스럽게 영어의 리듬을 익히고 따라 부르면 연음 현상을 많이 연습하여 발음이 좋아집니다. 연음 현상을 많이 훈련하여 발음이 좋아지면 듣기 실력 또한 향상됩니다. 한글에 없는 발음[f, v, r, th]도 잘할 수 있습니다.

셋째, 살아있는 생생한 영어표현을 익힐 수 있습니다.

Pop Song이란 Popular Song의 줄임말로 '서양에서 유행하는 대중가요'를 말합니다. 대중가요는 주로 인간의 희, 노, 애, 락, 꿈, 사랑, 인간관계 등을 노래로 만들었기 때문에 가사 속에서 생생한 표현과 단어를 배울 수 있습니다. 또한 노래로 익히면 표현에 감정을 불어넣어 말할 수 있습니다. 영어를 말하는 데 감정과 표정은 매우 중요한 요소입니다.

이 세상에, 그리고 우리의 삶에 음악이 없다면 어떨까요? 니체는 Without music, life would be a mistake. '음악이 없다면 인생은 착각에 불과하다.'라고 말했습니다. 우리 내면의 마음을 표현한 음악은 우리에게 즐거움, 슬픔, 기쁨, 외로움, 감동을 줍니다.

영어를 잘하기 위한 책이 아니라, 영어와 다시 친해지기 위한 책입니다.
오늘은 노래 한 곡, 그 속의 영어 한 문장으로도 충분합니다.
팝송과 함께, 당신의 속도로, 당신만의 방식으로 다시 시작해보세요.

You can do it!

QR코드를 통해 **책 속에 소개된 노래**를 들어보실 수 있습니다.
다만 **저작권 문제로 일부 곡은 제공되지 않을 수 있으며,**
모든 노래는 **유튜브에서 자유롭게 검색해 감상**하실 수 있습니다.

책의 구성은 아래와 같이 5개 STEP으로 나누었고, 각 STEP 별 활용법을 소개합니다.

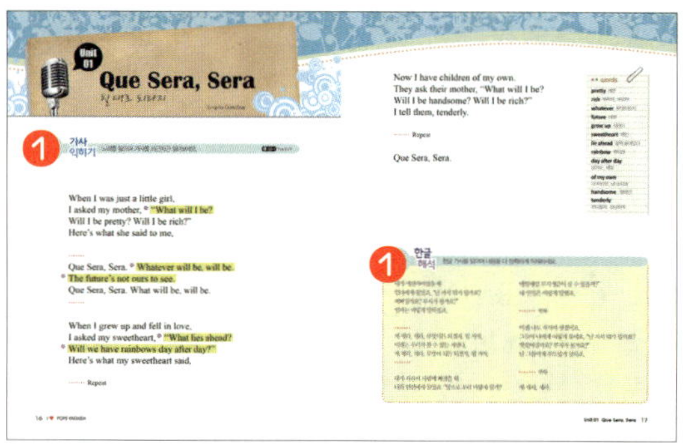

❶ 가사 익히기 & 한글해석 - 가사 내용+단어+발음 익히기

영어가사와 한글해석으로 구성되었습니다. 가사를 여러 번 시 낭송하듯 큰소리로 읽습니다. 한글해석은 가능한 직독직해를 하였으며 간혹 이해를 돕기 위해 의역한 문장도 있습니다. 또한, 가사 속에서 꼭 알아야 할 필수단어 (10~15개)를 선별해 영어단어를 공부할 수 있는 **Words** 파트가 있습니다.

❷ 핵심문장 학습하기 – 가사 속 유용한 문장 익히기

실제 회화에서 활용되는 핵심문장을 더 깊이 학습하는 단계로, 가사 속 유용한 표현 4~5개 문장의 뜻과 해설, 응용표현 및 유사표현을 익히고 암기합니다.

❸ 핵심문장 활용하기 – 영어회화 실력향상을 위한 대화문 연습하기

학습한 핵심문장이 실제 회화에서 어떻게 활용되는지 학습하세요. 실생활에 유용한 대화문을 두 명이 A-B 파트를 나누어 **Role-play** 방식으로 큰소리로 연습해보세요. 다양한 상황과 주제별 영어회화 실력을 향상시켜 줍니다.

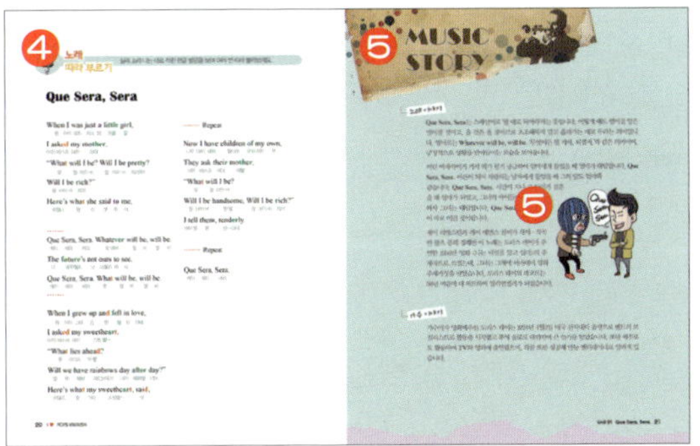

❹ 노래 따라 부르기 – 초보자도 따라 부르며 배우는 코너

실제 소리나는 대로 적힌 한글 발음을 보며 여러 번 따라 불러보세요. 영어를 모르는 왕초보도 노래를 따라 부르며 팝송을 배우고 익힐 수 있습니다. 색깔별로 다르게 표시한 부분의 발음에 주의해서 노래를 따라하세요.

> ★ **가사를 발음할 때 주의사항**
>
> **보라색** 연음 현상으로 두 단어가 하나의 단어처럼 결합되는 곳입니다. 발음에 주의하세요.
> **초록색** 한글에 없는 발음[f, v, r, th]입니다. 각각의 발음에 유의하며 노래를 부르세요.
> **주황색** 끝이 [d, t]로 끝나는 단어는 발음할 때 거의 밖으로 소리가 나지 않고 약하게 받침소리로 냅니다.

❺ Music Story

노래 이야기와 가수 이야기로 구성되어, 노래에 대한 이해를 위해 가사의 내용을 요약하고 가수와 관련된 사연을 실었습니다. **Music Story**를 통해 노래와 문화를 더 깊이 이해하세요.

★ 웰컴샘 김환영이 제안하는 '팝송으로 영어를 학습하는 방법'

1. 초보자는 우선 노래를 들으며 모르는 단어를 형광펜으로 밑줄 그으세요. 영어 실력이 있는 사람은 노래를 들으며 가사와 단어를 받아쓰기해보세요.

2. 책의 오른쪽 페이지 [Words] 파트에서 단어의 뜻을 확인 후, 스스로 가사의 내용을 해석해 봅니다. 가사에 쓰인 반드시 알아야 할 주요 단어를 외웁니다.

3. [한글해석]을 보면서 본인의 해석과 같은지 내용을 확인합니다. 다른 내용이 있으면 다음 페이지에 다룬 [핵심문장 학습하기]의 설명을 참고하여 이해합니다.

4. 가사의 내용을 생각하며 큰소리로 읽어보세요. 그리고 노래를 다시 들으며 발음을 체크하고 다시 가사를 시 낭송하듯 리듬을 타며 큰소리로 10회 이상 읽으면 발음이 좋아집니다.

5. 읽기에 자신감이 생기면 가수가 어떤 느낌으로 이 노래를 불렀는지 생각하며 노래를 들으면서 따라 불러봅니다. 가사를 암기하여 노래를 부르면 감정이입이 훨씬 쉬워집니다.

★ 주의해야 할 영어발음 법칙

1. [t], [d] 발음

t[트], d[드]는 입천장 볼록한 부분에 혀끝을 댔다가 떼면서 바람만 내보내는 소리이며, 끝소리 [t, d]는 받침으로 들어가 거의 들리지 않게 발음해야 자연스러운 미국식 발음이 됩니다.

ex atten**d** [어텐드] department [디팔트먼트] jacke**t** [자켓] ligh**t** [라잇]
point [포인트] don'**t** [돈]

2. 연음의 굴리는 소리 [t] 발음

t는 강모음과 약모음 사이에 오면 [ㄹ]과 비슷한 굴리는 소리로 변합니다. [강모음+**rt**+약모음], [-**tle**], [-**ttle**]일 때도 마찬가지로 get out [케 라웃]으로 발음됩니다.

ex wa**t**er [워러] i**t**em [아이럼] ba**tt**ery [배러리] bo**tt**le [바를]

3. [st]에 [t]는 된소리 [ㄸ]로 발음

ex s**t**op [스땁] s**t**ar [스따알] s**t**udy [스떠디] s**t**udent [스튜던트]

4. [tr] 단어에 t는 [츄]로 발음

ex t**r**y [츄라이] t**r**ee [츄리] t**r**ain [츄레인] t**r**ouble [츄러블] fu**t**ure [퓨쳐]

5. [dr]로 시작하는 발음은 [듀]와 [쥬]의 중간 소리

ex d**r**eam [쥬림] d**r**ink [쥬링크] d**r**ug [드럭] d**r**y [드라이] d**r**ess [드레스]

6. [f]는 [ㅍ], [v]는 [ㅂ] 발음 법칙

[f], [v]는 윗니로 아랫입술을 지그시 깨물고 바람을 세게 내보내는 소리이며, 특히 [f], [v]가 단어 끝에 있을 때 [프], [브]로 발음하면 바람 새는 소리만 나기 때문에 주의해야 합니다.

ex **f**astfood [패스트푸드] gol**f** [골프] co**ff**ee [커피] **ph**one [폰] li**f**e [라잎]
have [햅] gi**v**e [깁] lo**v**e [럽] **v**ery [붸리] **v**ison [비전]

7. [l]의 [ㄹ] 발음 법칙

[l]은 혀끝을 윗니 뒤에 대고 '을'하고 밀면서 소리를 냅니다. 그런데 [l]은 style [스따~일]에서 처럼 단어 끝에 오거나, film [필음]처럼 마지막 자음 바로 앞에 오면 들릴 듯 말 듯 약화됩니다. milk가 [마-얼 (ㅋ)]으로 발음되는 이유입니다.

ex **l**ight [라잇] **l**evel [레벨] **l**ike [라익] fi**l**m [필음] mi**l**k [마-얼크]

8. [r]의 [ㄹ] 발음 법칙

[r]은 입안을 동그랗게 하고 혀를 살짝 말아올려 입천장에 닿지 않게 [아알] 소리를 냅니다.

ex **r**ight [롸잇] **r**ose [로오즈] **r**oad [로오드] neve**r** [네벌] summe**r** [써멀]
winte**r** [윈털] hea**r**t [하알트]

9. t h의 [θ], [ð] 발음 법칙

[θ], [ð]는 윗니와 아랫니 사이에 혀를 살짝 대고 바람을 불며 [씨], [드]라고 소리를 냅니다. [s]의 [ㅅ], [ㅆ] 소리 와 구별해야 합니다.

ex **th**ink [θiŋk 씽크] **th**ank [θæŋk 쌩크] **th**ree [쓰리] **th**ere [ðɛər 데얼]
mo**th**er [mʌðər 마덜]

차례
Contents

Metal GOD

KANSAS

01. Que Sera, Sera *	**24.** The Power Of Love
02. Yesterday	**25.** Words
03. You Raise Me Up	**26.** Stand By Your Man
04. Evergreen *	**27.** Moon River
05. Changing Partners	**28.** I Can't Stop Loving You
06. Tears in Haven	**29.** Autumn Leaves
07. I. O. U.	**30.** Only You
08. I Have A Dream	**31.** Top Of The World
09. You Mean Everything To Me	**32.** The Water is Wide
10. Let It Be	**33.** I've Been Away Too Long
11. Take Me Home, Country Roads	**34.** You Are My Sunshine
12. You Light Up My Life	**35.** I Will Always Love You
13. Before The Dawn	**36.** The End Of The World
14. Annie's Song	**37.** One Summer Night
15. Beautiful Sunday	**38.** California Dreaming *
16. Dust In the Wind	**39.** Honesty
17. I Went To Your Wedding	**40.** Hey Jude
18. For The Good Times	**41.** Knife
19. More Than I Can Say	**42.** I Just Called To Say I love You
20. Always On My Mind	**43.** Unchained Melody
21. The Rose	**44.** Don't Forget To Remember Me
22. Bridge Over Troubled Water	
23. Over and Over	

⚠ * 표시된 곡은 저작권 문제로 QR코드 리스트에 없습니다.

QR코드를 통해 **책 속에 소개된 노래**를 들어보실 수 있습니다. 다만 **저작권 문제로 일부 곡은 제공되지 않을 수 있으며,** 모든 노래는 **유튜브에서 자유롭게 검색해 감상**하실 수 있습니다.

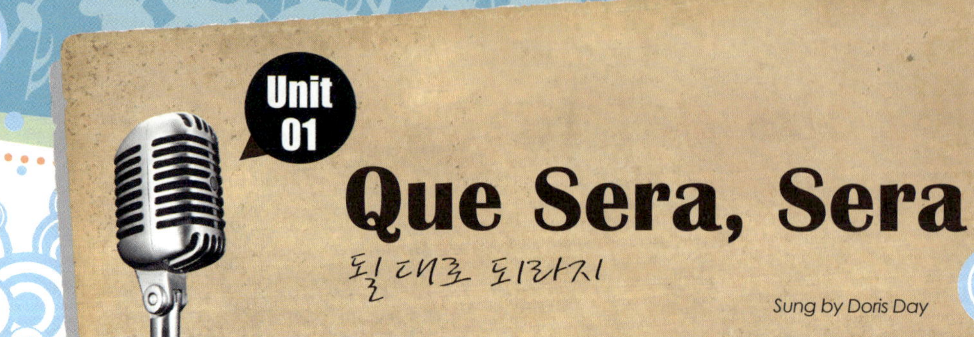

가사 익히기

노래를 들으며 가사를 차근차근 읽어보세요.

When I was just a little girl,
I asked my mother, ❶ "What will I be?
Will I be pretty? Will I be rich?"
Here's what she said to me,

....

Que Sera, Sera. ❷ Whatever will be, will be.
❸ The future's not ours to see.
Que Sera, Sera. What will be, will be.

....

When I grew up and fell in love,
I asked my sweetheart, ❹ "What lies ahead?
❺ Will we have rainbows day after day?"
Here's what my sweetheart said,

······ Repeat

Now I have children of my own.
They ask their mother, "What will I be?
Will I be handsome? Will I be rich?"
I tell them, tenderly.

······ Repeat

Que Sera, Sera.

한글 해석

한글 가사를 읽으며 내용을 더 정확하게 이해하세요

내가 어린아이였을 때
엄마에게 물었죠. "난 커서 뭐가 될까요?
예뻐질까요? 부자가 될까요?"
엄마는 이렇게 말하셨죠.

······

케 세라, 세라. 무엇이든 되겠지, 될 거야.
미래는 우리가 볼 수 없는 거란다.
케 세라, 세라. 무엇이 되든 되겠지, 될 거야.

······

내가 자라서 사랑에 빠졌을 때
나의 연인에게 물었죠. "앞으로 우린 어떻게 될까?

매일매일 무지개같이 살 수 있을까?"
내 연인은 이렇게 말했죠.

······ 반복

이젠 나도 자식이 생겼어요.
그들이 나에게 이렇게 묻네요. "난 커서 뭐가 될까요?
멋있어질까요? 부자가 될까요?"
난 그들에게 부드럽게 말하죠.

······ 반복

케 세라, 세라.

1. What will I be?
난 뭐가 될까요?

When I grow up, what will I be?는 '내가 자라면 뭐가 될까?'라는 의미입니다. 여기서 be는 '~이 되다'로, become과 같은 의미로 사용되었습니다.

★ **What will you be when you grow up?** 넌 자라면 뭐가 될래?

2. Whatever will be, will be.
무엇이든 되겠지, 될 거야.

whatever는 [what+ever]가 결합하여 만들어진 복합관계대명사로, '무엇이든지'로 해석됩니다. 복합관계대명사에는 whatever 외에 whoever '누구든지', whichever '어느 것이든지' 등이 있습니다.

★ **Do whatever you like.** 뭐든지 네가 좋아하는 것을 해라.
　Whatever you do, do it well. 무엇을 하든 잘해라.

3. The future's not ours to see.
미래는 우리가 볼 수 없어요.

미래는 우리가 알 수 없지만 원하는 것이면 뭐든지 될 것이라는 뜻입니다. 다른 말로 We can't see the future. '우리는 미래를 볼 수 없다.' 등으로 표현할 수 있습니다.

★ **What do you want to do in the future?** 넌 미래에 뭘 하고 싶니?

4. What lies ahead?
앞으로 어떻게 될까?

lie ahead(of 생략)는 '~앞에 놓여있다'(= lie before)라는 의미이므로 이 문장은 '앞으로 인생에 무슨 일이 있을까?' 정도로 해석할 수 있습니다.

★ **Life lies before you.** 여러분의 인생은 이제부터입니다.

5. Will we have rainbows day after day?
매일매일 무지개같이 살 수 있을까?

rainbow는 '무지개, 가지각색의'라는 뜻이므로, 무지개처럼 예쁘고 다양한 색을 가진 삶을 살 수 있을지 궁금해 하는 문장입니다.

★ **Have you ever seen a rainbow?** 무지개를 본 적 있나요?

A: What will you be when you ❶ **grow up**?

너는 커서 뭐가 될 거니?

B: I will be a good doctor. How about you?

나는 훌륭한 의사가 될 거야. 너는 어때?

A: Well, I don't know. ❷ **Whatever will be**.

글쎄, 난 모르겠어. 뭐든지 되겠지.

B: ❸ **Listen to your heart** and think about whatever you like.

네 마음에 귀를 기울이고 네가 좋아하는 것 뭐든지 생각해봐.

A: Listen to my heart? I like to play soccer very much.

내 마음의 소리를 들으라고? 난 축구하는 것을 무척 좋아해.

B: Then you can ❹ **try to be** a soccer player.

그러면 축구선수가 되도록 노력해봐.

표현 익히기

❶ grow up은 '자라다, 어른이 되다'이고, grown-up은 '성인, 어른(=adult)'이라는 뜻입니다.

❷ Whatever will be.는 '무엇이든지 될 거야.'라는 뜻으로, Que Sera, Sera의 영어 표현이라고 할 수 있습니다.

❸ Listen to your heart.는 '마음의 소리를 들어라.'라는 의미이며, 같은 말로 Follow your heart.가 있습니다.

❹ [try to+동사원형]은 '~하려고 시도하다, ~하려고 해보다'라는 뜻입니다.
★ **Please try to understand me.** 날 이해하려고 노력해보세요.

Que Sera, Sera

When I was just **a** li**tt**le girl,
웬 아이 워즈 저스 터 리를 걸

I ask**ed** my mo**ther**,
아이 에스크 마이   마더

"Wha**t** will I be? Will I be pre**tt**y?
왓   월 아이 비   월 아이 비 프리리?

Will I be **r**ich?"
월 아이 비 리치

He**re**'s wha**t** she sai**d to** me,
히얼스   왓 쉬 셋 투 미

·······

Que Sera, Sera. Whate**ver** will be, will be.
케이 세라 세라   왓에버   월 비 월 비

The **future**'s not ours to see.
더 퓨우철스   낫 아월즈 투 씨

Que Sera, Sera. Wha**t** will be, will be.
케이 세라 세라   왓   월 비 월 비

·······

When I grew up an**d** f**e**ll in love,
웬 아이 그루 업   앤 펠 인 러브

I ask**ed** my sweethe**art**,
아이 에스크 마이   스윗 할~

"Wha**t** lies ahea**d**?
왓 라이즈 어핼

Will we ha**v**e rainbows day **after** day?"
월 위 해브   레인보우즈 데이 에프털 데이

Here's wha**t** my sweethe**art**, sai**d**,
히얼즈 왓 마이   스윗할~   셋

······· Repeat

Now I ha**v**e children o**f** my own,
나우 아이 해브   췰드런 오브마이 온

They ask thei**r** mo**ther**,
데이 에스크 데어   마덜

"Wha**t** will I be?
왓   월 아이 비

Will I be handsome, Will I be **r**ich?"
월 아이 비   핸썸   월 아이 비 리치

I tell them, tend**er**ly.
아이 텔 뎀   텐~더리

······· Repeat

Que Sera, Sera.
케이 세라 세라

MUSIC STORY

노래 이야기

Que Sera, Sera는 스페인어로 '될 대로 되어라'라는 뜻입니다. 어떻게 해도 벌어질 일은 벌어질 것이고, 올 것은 올 것이므로 초조해하지 말고 흘러가는 대로 두라는 의미입니다. 영어로는 Whatever will be, will be. '무엇이든 될 거야, 되겠지.'와 같은 의미이며, 긍정적으로 상황을 받아들이는 모습을 보여줍니다.

어린 여자아이가 커서 뭐가 될지 궁금하여 엄마에게 물었을 때 엄마가 대답합니다. Que Sera, Sera. 어른이 되어 사랑하는 남자에게 물었을 때 그의 답도 엄마와 같습니다. Que Sera, Sera. 시간이 지나 그 아이가 결혼을 해 엄마가 되었고, 그녀의 아이들이 같은 질문을 하자 그녀는 대답합니다. Que Sera, Sera. 인생이 바로 이런 것이랍니다.

제이 리빙스턴과 레이 에반스 콤비가 작사·작곡한 왈츠 풍의 경쾌한 이 노래는 도리스 데이가 주연한 1956년 영화 〈나는 비밀을 알고 있다〉의 주제곡으로 쓰였는데, 그녀는 그해에 아카데미 영화 주제가상을 받았습니다. 도리스 데이의 레코드는 56년 여름에 대 히트하여 밀리언셀러가 되었습니다.

가수 이야기

가수이자 영화배우인 도리스 데이는 1924년 4월3일 미국 신시내티 출생으로 밴드의 보컬리스트로 활동을 시작했고 후에 솔로로 데뷔하여 큰 인기를 얻었습니다. 또한 배우로도 활동하며 TV와 영화에 출연했으며, 작품 또한 성공해 만능 엔터테이너로 알려져 있습니다.

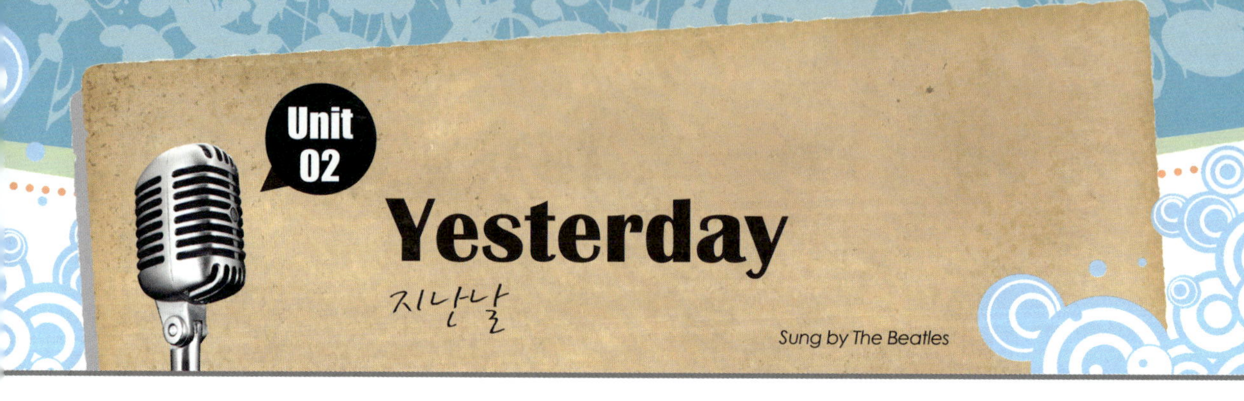

가사 익히기

노래를 들으며 가사를 차근차근 읽어보세요.

Yesterday, ❶ all my troubles seemed so far away.
Now it looks as though they're here to stay.
Oh, ❷ I believe in yesterday.

Suddenly, ❸ I'm not half the man I used to be.
There's a shadow hanging over me.
Oh, yesterday came suddenly.

....

Why she had to go I don't know.
She wouldn't say.
❹ I said something wrong.
Now I long for yesterday.

Yesterday, ❺ love was such an easy game to play.
Now I need a place to hide away.
Oh, I believe in yesterday.

....

.... Repeat

한글 해석

한글 가사를 읽으며 내용을 더 정확하게 이해하세요.

예전엔 모든 근심들이 나와 상관없는 것 같았어.
이제 그 고통이 여기에 머물고 있는 것 같아.
아, 지난날이 좋았었는데.

갑자기 난 예전의 반도 못한 사람이 되어버린 것 같아.
어두운 그림자가 내게 드리워지고 있네.
아, 갑자기 지난날의 기억들이 밀려오네.

·······

그녀가 왜 떠나야 했는지 난 알 수가 없어.
그녀는 말하려 하지 않았지.
내가 뭔가 잘못 말했나 봐.
지금 나는 지난날을 그리워하네.

예전엔 사랑은 아주 쉬운 장난 같은 것이었어.
이제 생각하니 부끄러워 숨을 곳이 필요해.
아, 지난날이 좋았었는데.
·······

······· 반복

❶ All my troubles seemed so far away.

내 모든 근심들이 나와 상관없는 것 같았어.

이 문장을 직역하면 '모든 나의 근심들이 아주 멀리 있는 듯했어', 즉 근심·고통들이 나와 상관없는 것 같이 느껴졌었다는 말입니다.

★ **Your reaction seemed strange to me.** 나에겐 너의 반응이 이상하게 보였어.

❷ I believe in yesterday.

지난날이 좋았어.

believe in은 '~의 존재를 믿다, ~이 좋다고 생각하다'라는 의미이며, yesterday는 '어제'라는 뜻이지만 '과거'를 상징적으로 표현할 때 사용되기도 합니다. 즉, 이 문장은 과거를 그리워하는(=I long for yesterday.) 표현입니다.

★ **Do you believe in God?** 너는 신이 있다고 믿니?

❸ I'm not half the man I used to be.

나는 예전의 반도 못한 사람이 되어버린 것 같아.

[used to+동사원형]은 '~하곤 했었다'라는 의미이며, half the man은 '반쪽남자, 남자답지 못한 사람', 즉 못난 사람을 의미합니다.

★ **I used to live in New York.** 난 뉴욕에 살았었어.

❹ I said something wrong.

내가 뭔가 잘못 말했어.

something '어떤 것'처럼 -thing으로 끝나는 대명사 anything '어떤 것', nothing '아무것도 아닌 것' 등에 형용사가 올 때는 대명사의 뒤에 위치해서 내용을 꾸며줍니다.

★ **Don't worry. You didn't say anything wrong.** 걱정 마. 넌 아무 말도 잘못한 게 없어.

❺ Love was such an easy game to play.

사랑은 아주 쉬운 장난 같은 것이었어.

젊을 때는 사랑이 게임, 혹은 장난 같아 신중하지 않았다는 말입니다. 지금은 사랑이 어려운 일이라는 의미를 내포하고 있습니다. game은 '놀이, 장난, 게임' 등으로 사용됩니다.

★ **The game is up.** 게임은 끝났어, 이제 다 틀렸어.

A: Oh, ❶ **I can't believe it**!

오, 믿을 수가 없어!

B: ❷ **What are you talking about**?

무슨 얘기를 하는 거야?

A: You know my boyfriend seemed very honest and faithful to me.

있잖아, 내 남자친구가 정말 정직하고 믿음직했잖니.

B: Then what's the trouble?

그런데 뭐가 문제니?

A: He was a ❸ **two-timer**. He was dating another girl.

그가 양다리를 걸쳤어. 다른 여자랑 데이트를 하고 있었어.

B: Oh, really? That's terrible. Love was such an easy game to play for him.

오, 정말? 끔찍하구나. 그에게는 사랑이 쉬운 장난 같은 것이었나 봐.

표현 익히기

❶ I can't believe it.은 믿기 힘든 상황을 표현할 때 사용합니다. 비슷한 표현으로 I can't believe my eyes, I can't believe my ears.가 있습니다.

★ **Believe it or not.** 믿거나 말거나.

❷ 상대방이 하는 말을 이해하지 못할 때 사용하는 표현입니다.

★ **What do you mean?** 무슨 뜻이니?

❸ two-timer는 명사로 '배신자, 양다리 걸친 사람'이라는 뜻이며, two-time은 동사로 '(남편, 아내, 애인)을 배신하다'라는 뜻입니다.

★ **He was two-timing.** 그가 바람을 피웠어.

Yesterday

Yesterday, all my troubles seemed so far away.
예스터데이 올 마이 트라블스 씸 쏘 화 어웨이

Now it looks as though they're here to stay.
나우 잇 룩스 애스 도우 데이얼 히얼 투 스떼이

Oh, I believe in yesterday.
오 아이 빌리입 인 예스터데이

Suddenly, I'm not half the man I used to be.
써든리 아임 낫 해프 더 맨 아이 유스 투 비

There's a shadow hanging over me.
데얼 저 샤도우 행잉 오벌 미

Oh, yesterday came suddenly.
오 예스터데이 케임 써~든리

· · · · · · ·

Why she had to go I don't know. She wouldn't say.
와이 쉬 햇 투 고우 아이 돈 노우 쉬 우든 쎄이

I said something wrong. Now I long for yesterday.
아이 셋 썸씽 롱 나우 아이 롱 훠 예스터데이

Yesterday love was such an easy game to play.
예스터데이 러브 워즈 써치 언 이지 게임 투 플레이

Now I need a place to hide away.
나우 아이 니~더 플레이스 투 하이 더 웨이

Oh, I believe in yesterday.
오, 아이 빌리입 인 예스터데이

· · · · · · ·

· · · · · · · Repeat

MUSIC STORY

노래 이야기

음악을 좋아했던 사람이라면 한 번쯤 기타를 치며 이 노래를 불렀던 기억이 있을 것입니다. 서정적인 가사와 감성적인 멜로디로 과거의 추억 속으로 빠져들게 만드는 비틀즈의 Yesterday는 과거를 그리워하는 인간의 본능을 그린 곡입니다.

과거에 사랑했던 여인이 떠난 이유가 궁금해지고 지난 시절을 회상하며 아쉬워하는 모습을 담은 이 노래는, 때때로 과거를 그리워하는 인간의 보편적인 감정을 담고 있습니다.

비틀즈를 온 세계 젊은이들의 우상으로 만든 이 노래는 비틀즈의 멤버인 폴 매카트니가 꿈속에서 들었던 곡을 옮긴 것이라고 합니다. 그래서 더욱 신비롭게 들리는지 모르겠습니다.

가수 이야기

비틀즈 The Beatles는 1962년 영국 리버풀에서 결성되어 60년대 영국에서 최고 인기를 얻었던 4인조 록그룹(존 레넌, 폴 매카트니, 조지 해리슨, 링고 스타)입니다. 멤버 모두가 리버풀의 가난한 노동자 집안 출신이었고, 그룹결성 이전에 다른 록그룹에서 활동한 경험이 있었습니다.

조지 마틴이 작곡과 프로듀싱을 맡은 첫 싱글 〈Love Me Do〉는 1962년 발매되어 영국 차트를 휩쓸었고 이듬해에는 세계적으로 인기를 얻기 시작했습니다. 공식 해체를 선언한 1970년까지 세계적인 사랑을 받았고, 이후 멤버들은 각자 솔로로 활동했습니다. 1970년까지 총 12장의 정규 음반을 발표했고, 전 세계적으로 10억장 이상의 음반 판매고를 올려 가수 중 최고 기록을 보유하고 있습니다.

1999년 타임지는 20세기 가장 영향력 있는 인물 100인에 비틀즈를 선정했습니다.

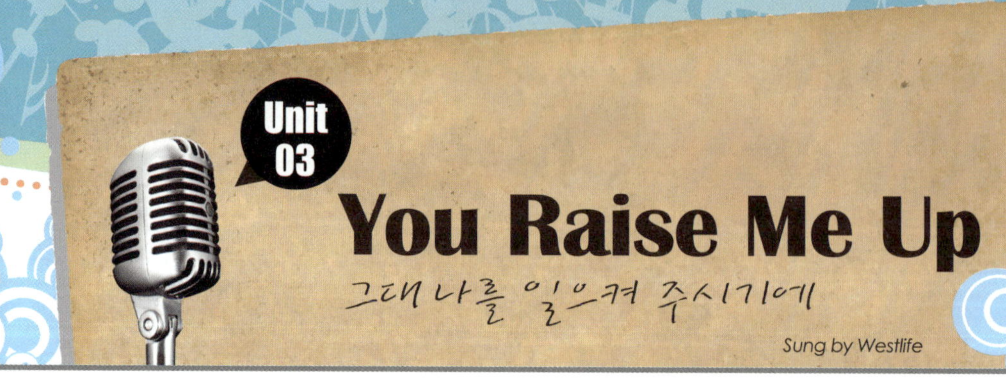

가사 익히기

노래를 들으며 가사를 차근차근 읽어보세요.

When ❶ I am down and oh my soul, so weary,
When troubles come and my heart burdened be,
❷ Then I am still and wait here in the silence
Until you come and sit awhile with me.

....

❸ You raise me up, so I can stand on mountains.
❹ You raise me up, to walk on stormy seas.
I am strong when I am on your shoulders.
❺ You raise me up to more than I can be.
....

······· Repeat (×3)

You raise me up to more than I can be.

한글 가사를 읽으며 내용을 더 정확하게 이해하세요.

내가 우울하고 영혼이 지쳐있을 때
고난이 닥쳐와 내 마음이 무겁게 느낄 때
그러면 난 움직이지 않고 여기서 조용히 기다립니다.
그대가 내게 와서 잠시 동안 함께 있어줄 때까지.

·······

그대가 나를 일으켜 주시기에 저 높은 산에 오를 수 있습니다.
그대가 나를 일으켜 주시기에 폭풍 치는 바다도 걸을 수 있습니다.
그대의 어깨에 기대면 난 강해집니다.
그대가 나를 일으켜 주시기에 나보다 더 큰 내가 됩니다.

·······

······· 3번 반복

그대가 나를 일으켜 주시기에 나보다 더 큰 내가 됩니다.

●● words

raise 올리다, 끌어올리다,
일으켜 세우다

down 우울한, 의기소침한

soul 영혼, 정신

weary 피로한, 지쳐있는,
녹초가 된(=tired)

burdened
짐을 지운, 부담되는

still 조용히, 소리 없이,
움직이지 않고

wait 기다리다

silence 침묵

stormy 폭풍 치는

strong 강한, 튼튼한
(↔ weak 약한)

shoulder 어깨

more than
~이상, ~보다도

① I am down and oh my soul, so weary.

난 우울하고 영혼이 지쳤어요.

down은 형용사로는 '우울한, 의기소침한(=depressed)', 부사로는 '아래로'라는 뜻입니다. 우리는 대개 몸이 지친다고 표현하는데, 영혼이 지쳤다는 말은 너무 힘들어 모든 것을 포기하고 싶은 심정을 말합니다.

★ **You look down and weary.** 너 우울하고 지쳐 보이는구나.

② Then I am still and wait here in the silence.

그러면 난 움직이지 않고 여기서 조용히 기다립니다.

이 문장은 기도하며 누군가의 도움을 요청하는 마음을 표현합니다. still은 부사로 '아직도, 여전히'라는 뜻이지만 형용사로 쓰일 경우 be동사 뒤에 위치해 '가만히, 움직이지 않고 (=motionless)'의 의미로 사용됩니다.

★ **Still waters run deep.** 조용히 흐르는 물은 깊이 흐른다. (속담)

③ You raise me up, so I can stand on mountains.

그대가 나를 일으켜 주시기에 저 높은 산에 오를 수 있습니다.

raise someone up은 '누군가를 들어 올리다, 일으켜 세우다', 즉 encourage '용기를 준다, 북돋아주다'의 뜻입니다. can stand on mountains '산을 오를 수 있다'는 삶의 어려움, 장애물을 극복할 수 있음을 말합니다.

★ **Thanks for your encouragement.** 당신의 격려에 감사합니다.

④ You raise me up, to walk on stormy seas.

그대가 나를 일으켜 주시기에 폭풍 치는 바다도 거닐 수 있습니다.

여기서 stormy seas '폭풍 치는 바다'는 두려움을 상징합니다.

★ **My mother lived a stormy life.** 나의 어머니는 파란만장한 삶을 사셨다.

⑤ You raise me up to more than I can be.

그대가 나를 일으켜 주시기에 나보다 더 큰 내가 됩니다.

more than I can be는 나를 '더 큰 그릇'으로 만들어준다는 의미입니다.

★ **Your performance is more than satisfactory.** 너의 활동(공연)은 더할 나위 없이 좋다.

A: You ❶ **look down**. What's the matter?

가운이 없어 보이네요. 무슨 일 있어요?

B: I am so weary today. ❷ **I stayed up studying** until 3 A.M. last night.

오늘 아주 지쳐있어요. 어젯밤 새벽 3시까지 공부하느라 밤샘했거든요.

A: Studying until 3 A.M.? ❸ **I think you should get some sleep now**.

새벽 3시까지 공부를요? 그럼 당신은 지금 잠을 좀 자야겠네요.

B: I think so. I need to take a nap.

그래야 할 것 같네요. 낮잠을 좀 자야겠어요.

A: It's not a good idea to stay up late at night. You can't ❹ **focus on** studying during the day.

잠 안 자고 밤늦게까지 깨어있는 것은 좋은 생각이 아니에요. 낮 동안 공부에 집중할 수 없거든요.

B: ❺ **You can say that again**.

당신 말이 맞아요.

표현 익히기

❶ down이 형용사로 쓰이면 '의기소침한, 기죽은, 우울한'의 뜻입니다.
  ★ **You look down today.** 너 오늘 우울해 보이는구나.

❷ stay up late ~ing는 '~하느라 늦게까지 자지 않고 있다'라는 의미입니다.

❸ [I think you should+동사원형] '당신 ~해야겠다'는 상대방에게 충고할 때 자주 쓰이는 표현입니다. 유사표현으로 [I guess you need to+동사원형]이 있습니다.

❹ focus on은 '~에 집중하다'라는 뜻이며, 같은 표현으로 concentrate on~이 있습니다.

❺ 같은 표현으로 You're right.이 있습니다.

You Raise Me Up

When I am down an**d** oh my soul, so wea**r**y,
웬 아이엠 다~운 앤 오 마이 쏘올 쏘 위어리

When troubles come an**d** my hea**rt** bu**r**den**ed** be,
웬 추라블스 커엄~ 앤 마이 할~트 버든 비

Then I am still an**d** wai**t** he**re** in the silence
댄 아이엠 스틸~ 앤 웨잇 히어 인 더 싸일런스

Until you come an**d** si**t** awhile wi**th** me.
언틸 유 컴 앤 씻 어와일 위드 미

·······

You **r**aise me up so I can stan**d on** mountains.
유 레이즈 미 업 쏘아이 캔 쓰땐 돈 마운~튼스

You **r**aise me up to wal**k on** sto**r**my seas.
유 레이즈 미 업 투 워~ 콘 스똘미 씨~즈

I am st**r**ong when I am on you**r** should**ers**.
아이엠 스트롱~ 웬 아이 엠 온 유얼 쏠~덜즈

You **r**aise me up to mo**re** than I can be.
유 레이즈 미 업 투 모얼 댄 아이캔 비
·······

······· Repeat (×3)

MUSIC STORY

북아일랜드 민요 Londonderry Air라는 곡의 멜로디를 개사하여 나온 곡으로 Danny Boy라는 유명한 곡이 있습니다. 2002년, 노르웨이 출신 뉴에이지 그룹 시크릿 가든이 그 곡의 멜로디를 따서 리메이크한 이 노래를 발표해 차츰 알려졌습니다. 이후 팝 그룹 웨스트라이프 등에 의해 빅 히트해 세계에 널리 알려졌습니다.

미국의 911테러 추모 곡으로 흘러나와서 더욱 유명해진 곡으로 실의와 낙담에 빠진 이를 격려하는 가사와 격조 있는 멜로디, 그리고 종교적인 분위기로 인해 전 세계인들에게 사랑받는 명곡이 되었습니다. You raise me up. '그대 나를 일으켜 주시기에.'에서 you는 우리가 힘이 들 때 의지할 수 있고 힘과 용기, 격려를 주는 부모, 친구, 선생님, 애인 등의 멘토(정신적 지지자, 후원자)를 말합니다.

교회에서 자주 불려 복음성가로 오인하는 분들이 많은데 그렇지 않습니다. 하지만 해석에 따라 가사 속 You를 '하나님, 주님'으로 해석할 수도 있습니다.

웨스트라이프는 1998년 7월 3일에 결성된 아일랜드의 팝 음악 그룹입니다. 틴 팝에서 시작해 시간이 흐를수록 발라드에 초점을 맞춘 어른스러운 사운드를 추구했습니다. 2004년 3월 멤버 중 한 명인 맥퍼든이 해체 의사를 밝히고 자신의 솔로앨범에 더 매진하기 위해 그룹을 떠났습니다. 2011년 11월, 앨범 〈Greatest Hits〉와 송별 투어를 마지막으로 해체를 선언했고 각자 자신의 길을 갔습니다. 1998년부터 14년간 함께 하모니를 만들어내면서 자신들의 꿈을 이루었다고 말합니다.

Evergreen

에버그린

Sung by Susan Jacks

가사 익히기

노래를 들으며 가사를 차근차근 읽어보세요.

Sometimes ❶ love would bloom in the spring time.
Then my flowers in summer it will grow
Then fade away in the winter
When ❷ the cold wind begins to blow.

....

But when it's evergreen, evergreen
It will last through the summer and winter, too.
When ❸ love is evergreen, evergreen
Like my love for you.

....

So hold my hand and tell me,
❹ You will be mine through laughter and through tears.
We will let the whole world see
❺ Our love will be evergreen through all the years.

.... Repeat

한글 해석

한글 가사를 읽으며 내용을 더 정확하게 이해하세요.

때때로 사랑은 봄에 피어나곤 합니다.
그리고 여름에 사랑의 꽃들이 자라서
겨울에 시들어 사라져버립니다.
찬바람이 불기 시작할 때면.

. . . .

하지만 사랑이 늘 푸른 상록수 같다면
여름을 지나 겨울까지도 지속된답니다.
그대를 향한 내 사랑처럼
사랑이 변함없는 거예요.

. . . .

그러니 그대 내 손을 잡고 말해줘요.
기쁠 때나 슬플 때나 그대 나의 사랑일 거라고.
우리 모든 세상에 알려요.
시간이 흘러가도 우리 사랑은 늘 변함없을 거라고요.

. . . . 반복

실제 회화에서 활용되는 핵심 문장을 더 깊이 학습하세요.

1 Love would bloom in the springtime.

사랑은 봄에 피어나곤 하죠.

여기서의 would는 '~하곤 했었다'라는 의미로, 과거의 불규칙적인 습관을 나타냅니다.

★ **Many kinds of flowers bloom here and there in the spring.**
봄에는 많은 종류의 꽃들이 여기저기 피어납니다.

2 The cold wind begins to blow.

찬바람이 불기 시작하네요.

blow는 '(바람이) 불다, (휘파람을) 불다'라는 뜻이며, 이 문장은 겨울이 오기 시작한다는 표현을 간접적으로 하고 있습니다.

★ **The wind is blowing from the east.** 동쪽에서 바람이 불어오고 있다.

3 Love is evergreen, evergreen like my love for you.

그대를 향한 내 사랑처럼 사랑은 변함없는 거예요.

like는 동사로는 '좋아하다', 전치사로는 '~처럼, ~같이'라는 의미입니다.

★ **Like father, like son.** 부전자전. (속담)

4 You will be mine through laughter and through tears.

기쁠 때나 슬플 때나 그대 나의 사랑이겠죠.

through laughter and through tears '웃음과 눈물을 겪어도'는 '기쁠 때나 슬플 때나 언제나'라는 뜻입니다.

★ **Will you love him through laughter and through tears?**
기쁠 때나 슬플 때나 그를 사랑하겠습니까?

5 Our love will be evergreen through all the years.

시간이 흘러도 우리 사랑은 늘 변함없을 거예요.

through all the years는 일년 내내, 즉 '시간이 흘러도, 많은 해가 지나도, 항상, 변함없이'라는 뜻입니다.

★ **I haven't seen you in years.** 몇 년 만이군요, 오랜만입니다.

 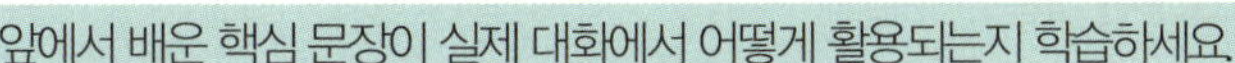

핵심 문장 활용하기

앞에서 배운 핵심 문장이 실제 대화에서 어떻게 활용되는지 학습하세요.

A: Where did you ❶ **grow up**?

당신은 어디에서 자랐나요?

B: I grew up in a small village in the countryside. And you?

저는 시골에 있는 작은 마을에서 자랐어요. 당신은요?

A: I was born and raised in Seoul. Do you miss your hometown?

저는 서울에서 태어나 서울에서 자랐죠. 고향이 그립나요?

B: Sure. Many kinds of flowers would bloom in the springtime in my hometown. I used to play with friends in the mountains.

물론이죠. 제 고향에서 봄에는 많은 종류의 꽃들이 피곤 했죠. 저는 산에서 친구들과 놀곤 했어요.

A: ❷ **Sounds like** you had fun in your childhood.

어린 시절에 재미있게 보낸 것 같군요.

B: Yes, I have lots of pleasant ❸ **memories**.

네, 즐거운 추억들이 많아요.

표현 익히기

❶ grow up은 '자라다'라는 뜻으로, [be raised in+장소] '~에서 크다, 자라다'와 같은 표현입니다.

★ **I grew up in Seoul.** 난 서울에서 자랐다.

❷ sounds like는 앞에 주어 that 혹은 it이 생략된 표현이며, 명사나 완전한 문장을 수식하여 '~처럼 들린다'로 해석됩니다.

★ **That sounds like fun.** 그것 재미있겠다.

❸ memory는 '기억, 기억력, 추억' 등의 뜻으로 사용됩니다.

★ **Do you have a good memory?** 넌 기억력이 좋니?

My grandmother has a bad memory. 우리 할머니는 기억력이 나쁘다.

Evergreen

Sometimes love would bloom in the springtime.
썸~타임즈 러브 울 블룸~ 인 더 스프링타임

Then my flowers in summer it will grow
댄 마이 플라워즈 인 써머 잇 월 그로우

Then fade away in the winter
댄 훼~이더 웨이 인 더 윈터~

When the cold wind begins to blow.
웬 더 코올~ 윈드 비긴스 투 블로우

. . . .

But when it's evergreen, evergreen
밧 웬 잇츠 에~버그린 에~버그린

It will last through the summer and winter too.
잇 윌 래스트 쓰~루 더 써머 앤 윈터 투

When love is evergreen, evergreen
웬 러브 이즈 에~버그린 에~버그린

Like my love for you.
라익 마이 럽~ 훠 유

. . . .

So hold my hand and tell me,
쏘 홀~ 마이 핸~ 앤 텔 미

You will be mine through laughter and through tears.
유 월 비 마~인 쓰~루 래프터 앤 쓰~루 티얼즈

We will let the whole world see
위 월 랫 더 홀~ 월드 씨

Our love will be evergreen through all the years.
아우어 러~업 월 비 에버그린 쓰~루 올 더 이얼즈

. . . . Repeat

MUSIC STORY

이 노래는 북중미 대륙에서 CM송으로 널리 애창된 곡입니다. 국내에선 1994년에 TV 드라마 〈아들과 딸〉의 배경음악으로 쓰이면서 알려졌고, 한국적인 발라드 감성으로 현재까지 많은 사랑을 받고 있습니다. 봄에 꽃이 피어 여름에 자라고 겨울에 시드는 것처럼 일반적인 사랑은 자연의 이치처럼 변하지만, 일년 내내 변치 않는 상록수같이 늘 푸르고 변함없는 사랑을 할 것이라 고백하는 노래입니다.

수잔 잭스는 캐나다 출신의 가수이자 작곡가입니다. 수잔 잭스는 Season in The Sun으로 유명한 테리 잭슨과 함께 1969년 그룹 Poppy Family를 결성하여 보컬리스트로 데뷔하였습니다. 데뷔곡 Which way you goin' Billy가 미국과 캐나다의 음악 차트 1위까지 오르면서 캐나다의 그래미상이라 할 수 있는 주노상을 4개 부문에서 수상할 만큼 큰 인기를 얻었습니다. 그 후, 1973년까지 그룹 활동을 한 그녀는 솔로 앨범 〈Ghosts〉를 발표했고, 지금까지 꾸준히 활동하며 아름다운 음악을 들려주고 있습니다.

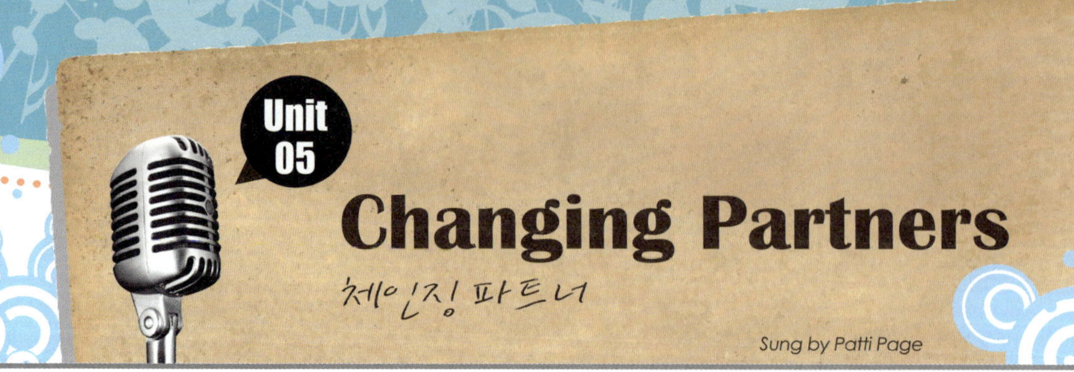

가사 익히기

노래를 들으며 가사를 차근차근 읽어보세요.

❶ We were waltzin' together
To a dreamy melody.
When they called out "Change partners"
And you waltzed away from me.
❷ Now my arms feel so empty
As I gaze around the floor.
❸ And I'll keep on changing partners
Till I hold you once more.

....

Though we danced for one moment
And too soon we had to part.
In that wonderful moment
❹ Somethin' happened to my heart.
So I'll keep changing partners
Till you're in my arms and then
Oh, my darlin',
❺ I will never change partners again.
....

.... Repeat

한글 해석

한글 가사를 읽으며 내용을 더 정확하게 이해하세요.

우리는 왈츠 춤을 추고 있었죠.
꿈결 같은 멜로디에 맞춰서
그때 누군가 "파트너를 바꾸시오"라고 소리쳤고
당신은 춤추면서 내게서 멀어져갔죠.
이제 내 팔이 너무 텅 빈 느낌이네요.
무도장을 둘러보는데
난 계속 파트너를 바꿀래요.
그대를 한 번 더 안을 수 있을 때까지.

....

비록 우리가 잠시 동안 춤을 추었지만
너무도 빨리 헤어져야만 했어요.
그 황홀했던 순간에
내 마음에 무슨 일이 생겼어요.
그래서 난 계속 파트너를 바꿀래요.
당신이 내 품으로 한 번 더 올 때까지.
오, 내 사랑,
그리고 다시는 파트너를 바꾸지 않겠어요.
....

.... 반복

핵심 문장 학습하기

실제 회화에서 활용되는 핵심 문장을 더 깊이 학습하세요.

① We were waltzin' together to a dreamy melody.

꿈결 같은 멜로디에 맞춰서 우리는 왈츠 춤을 추고 있었죠.

waltzin'은 waltzing의 줄임말입니다. to a dreamy melody '꿈결 같은 멋진 음악에 맞춰서'에서 전치사 to를 기억하세요.

★ **We danced to the piano music together.** 우린 피아노곡에 맞춰 함께 춤을 추었다.

② Now my arms feel so empty.

이제 내 팔이 너무 텅 빈 느낌이네요.

my arms '나의 팔'은 내 품을 말하며 empty는 텅 빈 느낌을 표현하고 있습니다.

★ **I feel so empty now.** 난 지금 마음이 공허해.

③ And I'll keep on changing partners.

난 계속 파트너를 바꿀래요.

keep on ~ing는 '계속 ~할 것이다'라는 뜻이며, 여기서 on은 생략 가능합니다. 반대말은 stop ~ing '~하는 것을 멈추다. 그만두다'입니다.

★ **Keep on talking.** 계속 얘기하세요.
  Stop kidding. 농담 그만해요.

④ Somethin' happened to my heart.

내 마음에 무슨 일이 생겼어요.

somethin'은 something의 줄임말이고 happen은 '~이 발생하다, 일어나다'라는 뜻이므로 이 문장은 사랑이 싹트기 시작했다는 뜻입니다.

★ **Hey, what happened?** 이봐, 무슨 일이야? 어떻게 된 거야?

⑤ I will never change partners again.

난 다시는 파트너를 바꾸지 않겠어요.

한 사람만을 사랑하겠다는 말을 춤추는 파트너를 바꾸지 않는 것에 비유해서 표현한 문장입니다.

★ **Never, never, never give up.** 절대, 절대, 절대 포기하지 마라.
  Let's change the subjects. 주제를 바꿉시다.

A: You look so happy. ❶ **You are all smiles**.

너 행복해 보이는구나. 온통 웃음꽃이 피었네.

B: Something happened to my heart.

내 마음에 무슨 일이 있었어.

A: What's happening?

무슨 일이야?

B: I have ❷ **fallen in love with** James. You know he is my ❸ **ideal type**.

나 제임스와 사랑에 빠졌어. 그 사람이 나의 이상형이라는 것 너도 알잖아.

A: Oh, my! ❹ **Good for you**! Congratulations.

오, 세상에! 잘됐구나! 축하해.

B: Thank you. I'm ❺ **walking on air** right now.

고마워. 난 지금 날아갈 것 같은 기분이야.

표현 익히기

❶ You are so happy. '당신은 참 행복하군요.'와 같은 뜻입니다.

❷ fall in love with '~와 사랑에 빠지다'로 해석됩니다.

❸ ideal type of man/woman은 '이상형의 남자/여자'를 의미합니다.
  ★ **What's your ideal type of woman?** 당신의 이상형의 여자는 어떤 사람인가요?

❹ That's good for you . '그것은 너에게 잘된 일이구나.'의 줄임말입니다.

❺ walk on air는 직역하면 '공중 위를 걷고 있다'는 뜻으로, 날아갈 것 같이 기쁠 때 사용합니다.

Changing Partners

We were waltzin' together to a dreamy melody.
위 워 왈~친 투게~더 투 어 드리~미 멜로디

When they called out "Change partners"
웬 데이 콜드 아웃 체인지 파트널스

And you waltzed away from me.
앤 유 왈~츠 더웨이 프롬 미

Now my arms feel so empty as I gaze around the floor.
나우 마이 암즈 필 쏘 엠~티 애즈아이 게이~저어라운 더 플로어

And I'll keep on changing partners
앤 아일 킵 온 체인징 파트널스

Till I hold you once more.
틸 아이 홀 듀 원스 모어

....

Though we danced for one moment
도우 위 댄스드 포 원 모먼트

And too soon we had to part.
앤 투 쑤~운 위 핸투 파알트

In that wonderful moment
인 댓 원더~풀 모먼트

Somethin' happened to my heart.
썸씽~ 해~픈 투 마이 하알트

So I'll keep changing partners
쏘 아일 킵 체인징 파트널스

Till you're in my arms and then
틸 유아 인~마이 암스 앤 댄

Oh, my darlin', I will never change partners again.
오 마이 달~린 아 월 네벌 체인지 파트널스 어겐

....

.... Repeat

MUSIC STORY

이 노래는 파티에 가서 다 함께 왈츠를 추게 되었는데 너무나 멋진 사람과 파트너가 되어 사랑에 빠졌다는 이야기입니다. 그래서 그 파트너가 내게 다시 올 때까지 계속 춤을 추다가 다시 내 파트너가 되면 다시는 파트너를 바꾸지 않겠다고 말합니다. 다시 말해 내가 정말 사랑하는 사람을 만나면 그 사람만을 사랑하겠다는 이야기를 춤에 비유해 표현한 아름다운 곡입니다.

패티 페이지(본명 Clara Ann Fowler)는 1927년 미국 오클라호마주 털사에서 태어났습니다. 어느 날 그녀가 출연한 라디오 방송국의 악단장 Jack Real이 그녀의 목소리를 듣고 악단에 가입시켰고, 그들은 1945년 시카고에 진출해 점차 주목을 받게 됩니다.

'20세기 팝의 여왕' 패티 페이지가 1950년에 부른 '테네시 왈츠'는 빌보드차트의 팝-컨츄리-R&B 3개 부문 동시 1위라는 진기록을 달성했으며, 1천만 장 이상의 앨범이 판매될 정도로 큰 사랑을 받았습니다.

그녀는 지금까지 꾸준히 자신의 공연을 열며 아름다운 음악을 들려주고 있습니다.

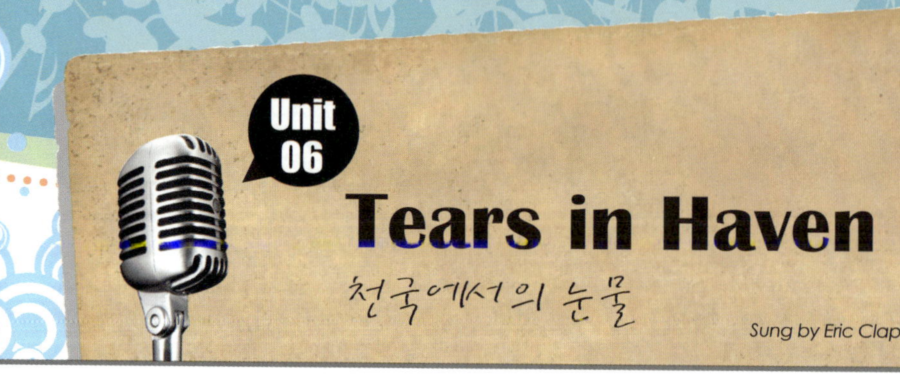

가사 익히기

노래를 들으며 가사를 차근차근 읽어보세요.

❶ Would you know my name if I saw you in heaven?
Would it be the same if I saw you in heaven?
I must be strong and carry on.
'Cause I know ❷ I don't belong here in heaven.

Would you hold my hand if I saw in heaven?
Would you help me stand if I saw in heaven?
I'll find my way through night and day
'Cause I know ❸ I just can't stay here in heaven.

❹ Time can bring you down.
❺ Time can bend your knees.
Time can break your heart.
Have you beg and plead. Beg and plead.

Beyond the door, there's peace I'm sure.
And I know there'll be no more tears in heaven.

······ Repeat

'Cause I know I don't belong here in heaven.

· · · · · ·

천국에서 너를 만나면 너는 나를 알아볼까?
천국에서 너를 만나면 너는 같은 모습일까?
난 강해져야 해. 그리고 꿋꿋하게 살아가야 해.
왜냐하면 난 천국과 무관한 사람이기 때문이야.

· · · · · ·

천국에서 너를 만나면 내 손을 잡아주겠니?
천국에서 너를 만나면 나를 일으켜 세워주겠니?
난 밤낮으로 길을 찾을 거야.
왜냐하면 내가 천국에 머무를 수 없다는 걸 알기 때문이야.

시간이 너를 좌절시킬 수도 있어.
시간이 너를 굴복시킬 수도 있지.
그리고 시간이 네 마음에 상처를 줄 수도 있어.
구걸하고 애원하도록 만들기도 하지.

저 문 너머에 평화가 있으리라 난 확신해.
그리고 그곳엔 더 이상 눈물이 없을 거야.

· · · · · · 반복

왜냐하면 난 천국과 무관한 사람이기 때문이야.

·· words

heaven 천국

strong 강한

carry on 계속하다

cause
왜냐하면(=because)

hold 잡다, 붙들다

belong ~에 속하다

through night and day
밤낮으로

bring ~down
좌절시키다, 쓰러뜨리다

bend one's knees
무릎 꿇게 하다

break one's heart
마음에 상처를 주다

peace 평화

beg 구걸하다

plead 탄원하다, 간청하다

beyond ~을 넘어서

no more 더 이상 ~아니다

핵심 문장 학습하기

실제 회화에서 활용되는 핵심 문장을 더 깊이 학습하세요.

① Would you know my name if I saw you in heaven?

천국에서 너를 만나면 너는 나를 알아볼까?

직역하면 '내가 만일 너를 천국에서 보면, 너는 내 이름을 알고 있을까?'라는 의미입니다. 즉, 죽어서 만나면 나를 기억할까를 묻는 문장입니다.

★ **Would you marry me if you were born again?** 다시 태어난다면 나와 결혼하겠니?

② I don't belong here in heaven.

난 여기 천국과 무관한 사람이야.

'천국과 무관한 사람'이라는 표현은 천국에 올 사람이 아니다, 즉 천국에 있는 게 불편하다는 뜻입니다.

★ **I don't think I belong here.** 난 여기 있는 게 어색하다.

③ I just can't stay here in heaven.

난 여기 천국에 머무를 수 없어.

I don't belong here in heaven.과 같은 뜻으로, 반복을 통해 내용을 강조하고 있습니다.

★ **Sorry, I just can't stay here anymore.** 미안해요. 난 더 이상 여기 있을 수 없어요.

④ Time can bring you down.

시간이 너를 좌절시킬 수도 있어.

bring someone down은 '~을 우울하게 하다, 좌절시키다, 쓰러뜨리다'라는 뜻입니다.

★ **Don't bring me down.** 날 좌절시키지 마.

⑤ Time can bend your knees.

시간이 너를 굴복시킬 수도 있어.

bend one's knees '~의 무릎을 구부리게 하다'는 누군가를 굴복시킨다는 뜻입니다.

★ **I don't want to bend my knees to anyone.** 난 누구에게도 굴복하고 싶지 않다.

앞에서 배운 핵심 문장이 실제 대화에서 어떻게 활용되는지 학습하세요.

A: Hey, buddy. Why don't you join our talk?

이봐, 친구. 우리 대화에 참여하지 그래?

B: Well, I don't ❶ **belong** here in this club.

글쎄, 난 이 동아리 회원이 아니잖아.

❷ **So I feel like a fish out of water**.

그래서 난 어색해.

A: Oh, come on. They are all my friends. You can mix with us.

자, 어서. 쟤들은 다 내 친구들이야. 너도 우리랑 어울릴 수 있어.

B: As you know I'm not sociable, but you're a good mixer.

너도 알다시피 난 사교적이지 않지만, 넌 잘 어울리는 사람이잖아.

A: ❸ **That's why I invited you here**. You can make more friends.

그게 바로 내가 너를 여기에 초대한 이유지. 너도 친구를 더 사귈 수 있어.

B: Thanks for your care, but ❹ **I just can't stay here**. Sorry.

신경써줘서 고맙지만 난 여기 있을 수 없어. 미안해.

표현 익히기

❶ belong은 주로 [belong to+장소]로 쓰입니다. 이 문장에서는 부사 here가 왔습니다. 같은 표현으로 I'm not a member of this club.이 있습니다.

❷ '소외감을 느낀다, 어색하다'라는 뜻으로, 낯선 환경에서 역량을 마음껏 발휘하지 못하는 사람을 나타낼 때 사용하는 표현입니다.

★ **I feel out of place, I feel awkward.** 난 소외감을 느껴요.

I feel like I don't fit in. 난 적응이 잘 안 돼요.

❸ [That's why+주어+동사]는 '그것이 ~한 이유이다'로 해석됩니다. 같은 표현으로 [That's because+주어+동사]가 있습니다.

❹ 직역하면 '여기에 머물 수 없다'는 뜻이지만 여기서 나가고 싶다는 의미도 내포하고 있습니다. 유사한 표현으로 I don't belong here.가 있습니다.

Tears In Heaven

·······
Would you know my name if I saw you in heaven?
우 쥬 노우 마이 네임 이파이 쏘 유 인 헤~븐

Would it be the same if I saw you in heaven?
우 딧 비 더 쎄임 이파이 쏘 유 인 헤~븐

I must be strong and carry on.
아이 머슷 비 스트롱 앤 캐리 온

'Cause I know I don't belong here in heaven.
코오즈 아이 노우 아이 돈 비롱~ 히어 인 헤~븐
·······

Would you hold my hand if I saw you in heaven?
우 쥬 호올~마이 핸~ 이파이 쏘 유 인 헤~븐

Would you help me stand if I saw you in heaven?
우 쥬 헬~ 미 스땐~ 이파이 쏘 유 인 헤~븐

I'll find my way through night and day.
아일 파인 마이 웨이 쓰루~ 나잇 앤 데이

'Cause I know I just can't stay here in heaven.
코오즈 아이 노우 아이져슷 캔 스페이 히어 인 헤~븐

Time can bring you down. Time can bend your knees.
타임 캔 브링 유 다운 타임 캔 밴드 유어 니~즈

Time can break your heart. Have you beg and plead.
타임 캔 브레이 큐어 하~알 해 뷰 백 앤 플리드~

Beg and plead. Beyond the door, there's peace I'm sure.
백 앤 플리드 비연~ 더 도어 데얼즈 피스 아임 슈어

And I know there'll be no more tears in heaven.
앤 아이 노우 데어윌 비 노 모어 티얼즈 인 헤~븐

······· Repeat

'Cause I know I don't belong here in heaven.
코오즈 아이 노우 아이 돈 비롱~ 히어 인 헤~븐

MUSIC STORY

에릭 클랩튼의 사랑하는 네 살짜리 아들 코너가 아파트 창문에서 떨어져 숨진 후 고통과 상실의 슬픔, 그리고 아들에 대한 그리움을 담아 만든 곡입니다.

미국 빌보드 싱글차트 100위에서 클래식 기타부문 2위까지 올랐던 그의 가장 성공적인 노래 중 하나입니다. 또한 1992년 American Adult Contemporary 차트에서 3주 동안 1위를 유지했고, 같은 해에 그래미 시상식에서 올해의 레코드 및 올해의 노래 등 6개 부문을 석권하며 시상식을 완전히 자신의 무대로 만들었던 최고의 히트곡입니다.

가수 이야기

에릭 클랩튼은 1945년 영국에서 태어났습니다. 영국의 기타리스트이자 싱어송라이터로 역사상 가장 영향력 있는 기타리스트 중 한 사람으로 꼽힙니다. 그는 롤링 스톤지가 선정한 100인의 가장 위대한 기타리스트 4위, 100인의 위대한 아티스트 53위에 올랐습니다.

그는 '살아있는 전설', '기타의 신'이라 불리며 록음악, 특히 블루스 록 분야에서 가장 위대한 음악가 중 한 사람으로 평가받고 있습니다. 최근 에릭 클랩튼은 아들의 죽음을 기리며 카리브 해의 앤티카라는 작은 섬에 7백만 달러를 들여 마약중독 치료센터를 짓고 마약 중독자들을 손수 돌보고 있습니다.

가사 익히기

노래를 들으며 가사를 차근차근 읽어보세요.

You believe that ❶ I've changed your life forever
And you're never gonna find another somebody like me.
And ❷ you wish you had more than just a lifetime
To give back all I've given you
And that's what you believe.

....

But ❸ I owe you the sunlight in the morning
And the nights of all this loving
That time can't take away.
And I owe you more than life, now more than ever.
I know that ❹ it's the sweetest debt I'll ever have to pay.

....

I'm amazed
When you say it's me you live for.
You know that when I'm holding you,
You're right where you belong.
And my love,
⑤ I can't help but smile with wonder
When you tell me all I've done for you
'Cause I've known all alone.

⋯⋯ Repeat (×2)

한글 해석

한글 가사를 읽으며 내용을 더 정확하게 이해하세요.

당신은 내가 당신의 인생을 영원히 바꾸어 놓았다고,
나 같은 사람을 절대 만날 수 없을 거라고 믿고 있지요.
그리고 내가 당신에게 준 모든 것을 갚기 위해서
일생보다 더 긴 시간이 있었으면 하고 바라지요.
그렇게 당신은 믿고 있지요.

⋯⋯

하지만 전부 당신 덕분이에요.
시간이 뺏어갈 수 없는 저 찬란한 아침 햇살과
이 모든 사랑의 밤도 당신 덕분이죠.
그 어느 때보다도 당신께 인생보다 더한 빚을 지고 있어요.
그것은 내가 영원히 갚아야 할 가장 달콤한 빚이라는 것을
난 알고 있어요.

⋯⋯

난 놀라울 뿐이에요.
당신이 사는 이유가 나라고 말할 때
당신도 아시죠. 내가 당신을 안고 있을 때
당신이 있어야할 곳에 있다는 것을.
내 사랑, 나는 놀라워 미소 짓지 않을 수가 없어요.
당신이 내가 당신을 위해 한 모든 일을 말할 때면
왜냐하면 나만 그것을 알고 있는 줄 알았거든요.

⋯⋯ 2번 반복

1 I've changed your life forever.

내가 당신 인생을 영원히 바꾸어 놓았죠.

나로 인해 상대방의 인생이 바뀌었다는 의미입니다.
★ **You've changed my life.** 당신이 내 인생을 바꿔놨어요.

2 You wish you had more than just a lifetime.

당신은 일생보다 더 긴 시간이 있길 바라지요.

[wish (that)+주어+동사(과거형)]은 가정법의 일종으로 '~이면 좋으련만'으로 해석됩니다.
이루어질 수 없는 소원, 소망을 말할 때 씁니다.
★ **I wish I had a car now.** 지금 차를 가지고 있으면 좋으련만.

3 I owe you the sunlight in the morning.

아침 햇살도 당신 덕분이에요.

[owe+사람+사물]은 4형식 문장으로 '~에게 ~을 빚지다, 신세지다'라는 뜻입니다.
★ **I owe you a lot.** 당신에게 빚이 많네요.
　I owe you five dollars. 내가 너에게 5달러 빚졌어.
　I owe you an apology. 당신에게 사과할 게 있어요.

4 It's the sweetest debt I'll ever have to pay.

그것은 내가 영원히 갚아야 할 가장 달콤한 빚이에요.

debt는 '빚, 부채, 은혜, 덕택'으로, 부정적인 의미로 사용되는 경우가 많은데 여기서는
sweetest debt '가장 달콤한 빚'으로 표현한 걸 보니 '달콤한 사랑의 빚'임을 알 수 있습니다.
★ **I want to live a life free of debt.** 난 빚을 안 지고 살고 싶어.

5 I can't help but smile with wonder.

나는 놀라워 미소 지을 수밖에 없어요.

[can't help but+동사원형]은 '~하지 않을 수 없다'라는 뜻이며, 같은 표현으로 cannot
help ~ing가 있습니다.
★ **I can't help but laugh.** 난 웃지 않을 수 없어요.

A： Hey, Judy. I ❶**owe you 10 dollars**. Here it is.

이봐, 쥬디. 내가 너에게 10달러 줄 것 있지. 자, 여기 있어.

B： Thanks. And I think I owe you a good lunch. Let's go out.

고마워. 그리고 내가 너에게 맛있는 점심 사기로 했던 것 같아. 나가자.

A： Okay. By the way, what do you want for lunch?

좋아. 그런데 오늘 점심으로 뭐 먹고 싶니?

B： Well, I ❷**feel like having** something spicy.

글쎄, 난 뭔가 매운 것을 먹고 싶은 기분이야.

A： Me, too. Then how about Korean food?

나도 그래. 그러면 한국 음식 어때?

B： That's great. I am in the mood for Korean food today.

그거 좋지. 오늘은 한국 음식을 먹고 싶어.

표현 익히기

❶ [owe+사람+사물]은 '~에게 ~을 신세지다, ~을 빚지다'라는 의미입니다.

★ **I owe you an apology.** 당신에게 사과할 말이 있어요.

❷ feel like ~ing는 '~하고 싶은 느낌이다'이며, 같은 표현으로 [be in the mood to+동사원형], [be in the mood for+명사]가 있습니다.

★ **I'm just not in the mood.** 난 그럴 기분이 아니에요.

I. O. U.

You believe that I've changed your life forever.
유 빌리~브 댓 라이브 체인짓 유얼 라잎 포에버

And you're never gonna find another somebody like me.
앤 유얼 네~버 고나 파인 더 나덜 썸바~디 라익 미

And you wish you had more than just a lifetime
앤 유 위시 유 햏 모얼 댄 져스터 라이프타임

To give back all I've given you
투 기브 백 올 아이브 기븐 유

And that's what you believe.
앤 댓츠 왓 유 빌리~브

·······
But I owe you the sun light in the morning
밧 아이 오우 유 더 썬 라잇 인 더 모~닝

And the nights of all this loving that time can't take away.
앤 더 나잇츠 오브 올 디스 러~빙 댓 타임 캔 테이 커웨이

And I owe you more than life now more than ever.
앤 아이 오우 유 모얼 댄 라이프 나우 모얼 댄 에버

I know that it's the sweetest debt I'll ever have to pay.
아이노우 댓 잇츠 더 스위리스트 댓 아일 에버 해브 투 페이
·······

I'm amazed when you say it's me you live for.
아임 어메이즈드 웬 유 쎄이 잇츠 미 유 리브~ 포

You know that when I'm holding you.
유 노우 댓 웬 아임 홀~딩 유

You're right where you belong.
유아 롸잍 웨어 유 비롱~

And my love, I can't help but smile with wonder
앤 마이 럽, 아이 캔 헬 밧 스마일 위드 원~더

When you tell me all I've done for you
웬 유 텔 미 올 아이브 던 포 유

'Cause I've known all alone.
코오즈 아이브 논 올 얼론

······· Repeat (×2)

MUSIC STORY

노래 이야기

I.O.U.는 1996년 유동근, 황신혜 주연의 MBC 드라마 〈애인〉에 삽입되어 많은 사람들에게 알려졌고 폭발적인 인기를 얻었습니다. 제목 I.O.U.는 I Owe You.의 머리글을 약자로 쓴 것입니다.

인생을 변하게 해준 사랑하는 사람에게 그 사랑에 대한 감사의 마음을 전하는 사랑의 노래입니다. 당신의 사랑 덕분에 아침 햇살과 밤을 더욱 아름답고 소중하게 느끼게 되었고, 평생 동안 갚아도 시간이 부족해 더 많은 시간이 있으면 좋겠다고 노래하는 부드럽고 아름다운 사랑 노래입니다. 한국인들의 애창곡 중의 하나로 꼽힙니다.

가수 이야기

독일 최고의 부부 듀오 캐리 앤 론은 캐리 크레우셀(보컬)과 론 트래웁(기타)으로 구성된 혼성 듀오로, 멤버의 이름이 팀 이름으로 사용되었습니다. 컨트리계의 선두주자인 Michael Holm이 이들을 발굴하여 데뷔시켰습니다. 1980년 싱글앨범 〈I Don't Wanna Be Alone〉으로 데뷔했으며 대표곡 I.O.U.로 많은 사랑을 받았습니다.

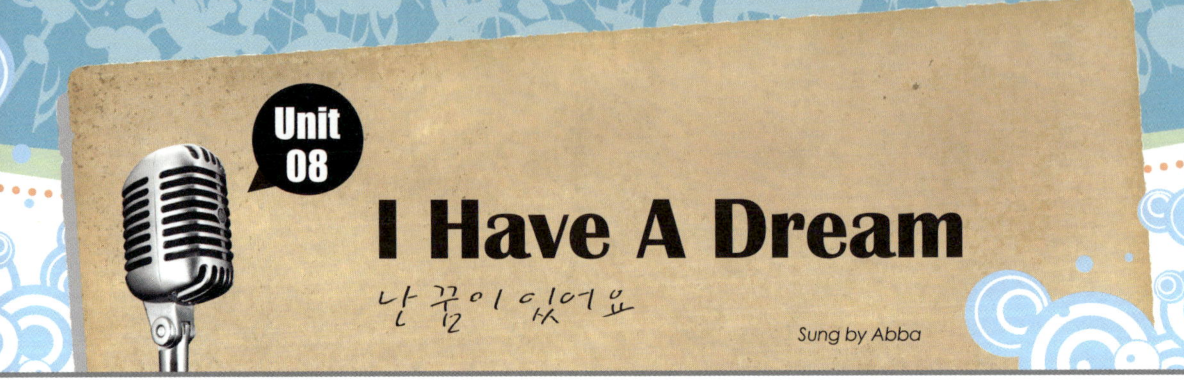

가사 익히기

노래를 들으며 가사를 차근차근 읽어보세요.

❶ I have a dream, a song to sing
To help me cope with anything.
If you see the wonder of a fairy tale,
❷ You can take the future even if you fail.

....

❸ I believe in angels.
❹ Something good in everything I see.
I believe in angels.
❺ When I know the time is right for me
I'll cross the stream. I have a dream.

....

I have a dream, a fantasy
To help me through reality.
And my destination makes it worth the while
Pushing through the darkness still another mile.

...... Repeat

I'll cross the stream. I have a dream.

한글 가사를 읽으며 내용을 더 정확하게 이해하세요.

난 꿈이 있어요. 부를 노래가 있어요.
뭐든지 극복해나가도록 도와주는 노래예요.
당신이 동화 속 이야기의 기적을 볼 수 있다면
비록 실패할지라도 당신에겐 미래가 있어요.

．．．．．．

난 천사가 있다고 믿어요.
보이는 모든 것엔 뭔가 좋은 게 있다고 믿어요.
난 천사가 있다고 믿어요.
적당한 때가 되면
난 시냇물을 건널 거예요. 난 꿈이 있으니까요.

．．．．．．

난 꿈이 있어요. 환상도 가지고 있지요.
현실을 헤쳐나가는 데 도움이 돼요.
내가 가야 할 목적지가 나의 꿈을 가치 있게 해주죠.
어둠을 뚫고 나아가는 것을, 아직도 가야 할 길이 남아있네요.

．．．．．． 반복

난 시냇물을 건널 거예요. 난 꿈이 있으니까요.

1

I have a dream, a song to sing to help me cope with anything.

난 꿈이 있어요. 부를 노래가 있어요. 뭐든지 극복해나가도록 도와주는 노래예요.

어려움을 극복하도록 힘이 되는 노래를 부르는 게 꿈이라는 뜻입니다. 즉, I have a dream to sing a song. '노래를 부르는 게 내 꿈이다.'라고 표현할 수 있습니다.

★ **I have a dream to change the world better.** 세상을 좀 더 좋게 바꾸는 게 내 꿈이에요.

2

You can take the future even if you fail.

비록 실패할지라도 당신에겐 미래가 있어요.

실패를 딛고 일어서는 자는 미래가 있다는 희망적인 말입니다. take the future는 take a chance on the future '미래에 대한 기회가 있다, 도전을 하다'라는 뜻을 내포하고 있습니다.

★ **You need to prepare for the future.** 넌 미래 상황에 대비해야 한다.

3

I believe in angels.

난 천사가 있다고 믿어요.

believe는 '~를 믿다'이며, believe in은 '~의 존재를 믿다'라는 의미입니다.

★ **Do you believe in God?** 당신은 하나님이 있다고 믿나요?

4

Something good in everything I see.

보이는 모든 것엔 뭔가 좋은 게 있다고 믿어요.

이 문장은 앞 부분의 I believe in이 생략된 것입니다. 꿈이 있는 자는 긍정적인 마음을 가져야 한다는 뜻입니다.

★ **Something good happened to him yesterday.** 어제 그에게 뭔가 좋은 일이 있었어.

5

When I know the time is right for me I'll cross the stream.

적당한 때가 되면 난 시냇물을 건널 거예요.

I'll cross the stream. '시냇물을 건널 것이다.'는 '뭔가 도전해 보겠다.'라는 의미를 내포하고 있습니다.

A: Do you ❶ **believe in** God?

하나님을 믿으세요?

B: Yes, I do.

네, 믿어요.

A: Do you believe in angels, too?

천사가 있다고도 믿나요?

B: Of course, I do. I believe in something good in everything I see.

물론이죠. 난 보이는 모든 것에 뭔가 좋은 게 있다고 믿어요.

A: You are a very ❷ **positive** person!

당신은 아주 긍정적인 사람이군요.

B: ❸ **You got it**. I always try to think positively.

맞습니다. 전 항상 긍정적으로 생각하려고 노력해요.

표현 익히기

❶ believe는 '~을 믿다'이며, believe in은 '~의 존재를 믿다'라는 뜻입니다.
  ★ **I can't believe it.** 난 믿을 수 없어.
  I believe you. 난 너를 믿어.

❷ positive는 형용사로 '긍정적인', positively는 부사로 '긍정적으로'라는 뜻입니다. 반대말은 negative '부정적인', negatively '부정적으로'입니다.

❸ 유사한 표현으로 You're right. '맞아요.', That's it. '바로 그거예요.'가 있습니다.

I Have A Dream

I have a dream, a song to sing
아이해~버 드림 어 쏭 투 씽

To help me cope with anything.
투 헬~프 미 코옵 윗 애니씽

If you see the wonder of a fairy tale
이 퓨 씨 더 원~더 오브 어 페어리 테일

You can take the future even if you fail.
유 캔 테잌 더 퓨쳐 이븐 이 퓨 페일

....

I believe in angels. Something good in everything I see.
아이 빌리~ 빈 엔~젤스 썸씽 굿 인 에~브리씽 아이씨

I believe in angels.
아이 빌리~ 빈 엔~젤스

When I know the time is right for me
웬 아이 노우 더 타임 이즈 롸잇 포 미

I'll cross the stream. I have a dream.
아일 크로스 더 스트림. 아이 해~ 버 드림

....

I have a dream, a fantasy to help me through reality.
아이해~ 버 드~림, 어 팬타시 투 핼~ 미 쓰루~ 리알리티

And my destination makes it worth the while
앤 마이 데스티네이션 메잌 씻 월쓰 더 와일

Pushing through the darkness still another mile.
푸씽 쓰루~ 더 달크니스 스틸 어나아더 마일

...... Repeat

I'll cross the stream. I have a dream.
아일 크로스 더 스트림. 아이 해~ 버 드림

MUSIC STORY

이 노래는 들으면 마음이 맑아지고 기분이 좋아집니다. 부르면 힘이 나고 용기가 생기는 노래가 있는데 바로 이 노래가 그렇습니다. ABBA가 어린이들을 위해 만든 곡으로, 그 수익금은 세계아동기구인 유니세프에 기부되었습니다.

천사가 있다고 믿고 보이는 모든 것에는 선한 것이 있다고 믿는 긍정의 힘, 꿈이 있어서 적당한 때가 되면 도전할 거라는 말, 그리고 꿈과 목적이 있는 삶은 어둠도 헤쳐나가게 만들며 더 멀리 나갈 수 있게 해준다고 말합니다. 삶이 힘들어 모든 걸 포기하고 싶다고 느끼는 분들은 가사를 잘 음미하면서 불러보세요.

가수 이야기

스웨덴 출신의 4인조 남녀 혼성그룹 아바는 1973년에 데뷔했습니다. 1970년대에 기억하기 쉽고 따라 부르기 쉬운 곡들을 발표하여 유럽의 음악 인기 순위를 장악했던 아바는 1975년 발표한 앨범 〈ABBA〉로 전 세계적으로 선풍적인 인기를 끕니다.

뮤지컬 연극에 대한 애정을 공유하던 그룹 멤버인 베니 안데르손(작사 및 건반)과 비외른 울바에우스(작사 및 기타)는 아바의 과거 발표 곡들을 적절히 결합하여 로맨틱 코미디 뮤지컬 〈맘마미아〉를 만들었습니다. 이 뮤지컬은 1999년 런던의 웨스트 앤드 극장가에서 초연한 뒤 전 세계 사람들의 사랑을 받았습니다. 메릴 스트립이 주연한 영화 버전은 2008년 세계 박스 오피스 최고 영화 중 하나로 선정되었습니다.

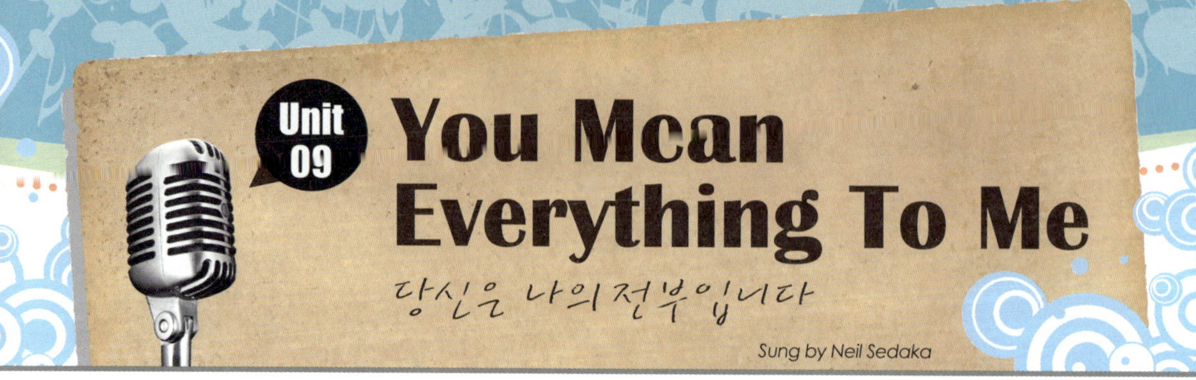

가사 익히기

노래를 들으며 가사를 차근차근 읽어보세요.

❶ You are the answer to my lonely prayer.
You are an angel from above.
I was so lonely till you came to me
With the wonder of your love.

❷ I don't know how I ever lived before.
❸ You are my life, my destiny.
Oh, my darling, I love you so.
❹ You mean everything to me.

If you should ever ever go away,
There would be lonely tears to cry.
The sun above would never shine again.
There would be teardrops in the sky.

....

So hold me close and never let me go
❺ And say our love will always be.
Oh, my darling I love so.
You mean everything to me.
....

······· Repeat

한글 가사를 읽으며 내용을 더 정확하게 이해하세요

mean 의미하다, 뜻하다
everything 전부, 모든 것
answer 대답, 응답
lonely 외로운
prayer 기도
angel 천사
from above 위에서 온, 위로부터
till ~까지
wonder 놀라움, 경이로움
life 인생, 삶, 생명
destiny 운명
ever (if절) 언젠가, 언제든
tears 눈물
shine 빛나다
teardrops 눈물방울
hold 붙잡다
let ~하게 하다

당신은 나의 외로운 기도에 대한 응답입니다.
당신은 하늘에서 내려온 천사입니다.
난 너무나 외로웠어요.
놀라운 사랑으로 당신이 내게 오기 전까지.

내가 전에는 어떻게 살았는지 모르겠어요.
당신은 내 인생이요. 나의 운명입니다.
오, 내 사랑, 당신을 그토록 사랑합니다.
당신은 나의 전부입니다.

만약에 당신이 떠나신다면
고독의 눈물만 흘리고 있겠죠.

태양은 다시 빛나지 못하고
하늘엔 눈물방울만 떨어질 거예요.

‥‥‥‥

그러니 저를 꼭 붙잡고 놓지 말아 주세요.
그리고 우리의 사랑이 영원할 거라 말해주세요.
오, 내 사랑, 당신을 그토록 사랑합니다.
당신은 나의 전부입니다.

‥‥‥‥

‥‥‥‥ 반복

1 You are the answer to my lonely prayer.

당신은 나의 외로운 기도에 대한 응답입니다.

아주 오랫동안 외롭게 사랑하는 사람을 보내달라고 기도했더니 당신을 만나게 되었다는 뜻입니다.

★ **That's a good answer.** 그것 좋은 답변입니다.

2 I don't know how I ever lived before.

내가 전에는 어떻게 살아왔는지 모르겠어요.

[I don't know how to+동사원형]은 '~하는 법을 모른다'라는 뜻입니다.

★ **I don't know how to make Kimchi.** 나는 김치 만드는 법을 몰라요.

Do you know how to swim? 넌 수영하는 법을 아니?

3 You are my life, my destiny.

당신은 나의 인생, 나의 운명입니다.

destiny는 '운명, 필연, 하늘의 뜻'이고, 이와 비슷한 단어인 fate는 '(피할 수 없는) 숙명'을 뜻합니다.

★ **While there is life, there is hope.** 생명이 있는 한 희망이 있다. (속담)

4 You mean everything to me.

당신은 내게 전부를 의미합니다.

당신이 내게 가장 소중한 사람이라는 뜻으로, 사랑하는 연인에게 고백하는 표현입니다.

★ **You are my everything.** 당신은 나의 전부예요.

You're the most important person to me. 당신은 내게 가장 소중한 사람이에요.

5 And say our love will always be.

우리의 사랑이 영원할 거라고 말해주세요.

'우리의 사랑이 변함없이 항상 똑같을 것이라고 말해 달라'고 간곡히 요청하는 표현입니다.
always는 '항상, 늘'을 뜻하는 빈도부사입니다.

★ **Our love will always be the same.** 우리의 사랑은 늘 똑같을 거예요.

A: Have you ever ❶ **tried Korean food**?

한국 음식을 먹어보셨나요?

B: Yes, I have eaten some.

네, 몇 가지 먹어봤어요.

A: What's your ❷ **favorite** Korean dish?

가장 좋아하는 한국 요리는 뭐예요?

B: My favorite is Samgyeopsal and Bibimbab. I like Kimchi, too.

내가 좋아하는 것은 삼겹살과 비빔밥이에요. 김치도 좋아해요.

A: Oh, really? I know how to make Kimchi.

오, 그래요? 난 김치 만들 줄 알아요.

B: I want to learn how to make Kimchi. Please teach me.

난 김치 만드는 법을 배우고 싶어요. 저 좀 가르쳐 주세요.

표현 익히기

❶ [try+음식명(food/dishes)]은 '～을 시식하다, 먹어보다'라는 뜻입니다. 음식에 관련된 표현으로 food '음식', dish '요리', main dish '주요리', side dishes '반찬, 부 요리' 등 이 있습니다.

★ **Have you ever eaten any Korean food?** 한국 음식을 먹어본 적 있나요?

❷ favorite은 형용사로 '가장 좋아하는, 선호하는'이라는 뜻입니다.

★ **What kind of Korean food do you like best?** 당신은 어떤 종류의 음식을 가장 좋아하나요?

You Mean Everything To Me

You **are the** answer to my **l**onely **pr**aye**r**.
유 아 디 앤써 투 마이 로~온리 프레이어

You **are an** angel **from ab**o**v**e.
유 아 런 엔젤 프롬 어바브

I wa**s so** lonely till you came to me
아이 워~ 쏘 로온리 틸 유 케임~ 투 미

Wi**th the** wond**er of** your lo**v**e.
위 더 원더 오브 유어 럽~

I don'**t** know how I **ev**er li**v**e**d** be**for**e.
아이 돈 노우 하우 아이 에버 리브 비포

You are my li**f**e, my destiny. Oh, my da**r**ling, **I love you** so.
유 아 마이 라~잎 마이 데스티니 오 마이 다알링 아일 러~뷰 쏘

You mean **ev**ery**th**ing to me.
유 민 에브리~씽 투 미

If you shoul**d ev**er **ev**er go away, There woul**d** be lonely tea**r**s to c**r**y.
이퓨 슛 에~버 에~버 고우 어웨이 데어 웃 비 로온리 티얼스 투 크라이

The sun abo**v**e woul**d** ne**v**er shine again.
더 썬 어바브 웃 네버 샤~인 어겐

The**re** woul**d** be tea**r**d**r**ops in the sky.
데어 웃 비 티어드랍스 인 더 스까이

·······

So hol**d** me close an**d** ne**v**er le**t** me go
쏘 홀드 미 클로즈 앤 네버 렛 미 고우

An**d** say our lo**v**e will always be.
앤 쎄이 아우어 러~브 월 올웨이즈 비

Oh, my da**r**ling I **love you** so. You mean e**v**ery**th**ing to me.
오 마이 다알링 아일 러~뷰 쏘 유 민 에브리~씽 투 미

·······

······· Repeat

MUSIC STORY

이 노래는 오랫동안 외롭게 지내면서 간절히 기도한 끝에 만난 연인을 향해 부르는 노래로, 사랑이 늘 변하지 않고 영원히 지속되기를 바라며 부르는 노래입니다. **You are my life, my destiny.** 라는 가사에서 알 수 있듯이 사랑하는 사람에게 불러주기 좋은 노래이죠.

닐 세다카의 대표곡인 이 노래는, 빌보드 차트 17위를 기록할 정도로 많은 사랑을 받았습니다. 곡이 발표된 지 30년이 지난 지금까지도 많은 사람들이 즐겨 부르는 애창곡 중 하나입니다.

닐 세다카는 1939년 3월 13일 미국 뉴욕 브루클린에서 태어났습니다. 뉴욕에서 택시 운전을 하던 터키계 유대인 아버지와 폴란드계 러시아 유대인 어머니 사이에서 태어났습니다. 닐 세다카의 음악적 재능을 발견한 사람은 초등학교 2학년 때의 담임선생임이었다고 합니다.

어려운 가정형편에도 불구하고 어머니의 헌신적인 노력 덕택에 닐은 아홉 살에 줄리아드 음악학교에 장학생으로 입학합니다. 그는 클래식피아노 교육을 받으며 성장했고, 고등학생 시절 대중음악에 빠집니다. 1957년 솔로가수로 데뷔해 가수, 작곡가, 피아니스트로 활동한 닐 세다카는 1960년 미국 팝계에서 싱어송라이터의 붐을 일으켰습니다.

 노래를 들으며 가사를 차근차근 읽어보세요.

① When I find myself in times of trouble
Mother Mary comes to me
② Speaking words of wisdom, let it be.
And in my hour of darkness
She is standing right in front of me
Speaking words of wisdom, let it be.

Let it be, let it be, let it be, let it be.
Whisper words of wisdom, let it be.

And when the broken hearted people
Living in the world agree,
There will be an answer, let it be.
For though they may be parted
③ There is still a chance that they will see.
④ There will be an answer, let it be.

……

Let it be, let it be, let it be, let it be.
There will be an answer, let it be.

Let it be, let it be, let it be, let it be.
Whisper words of wisdom, let it be.

········· Repeat

And when the night is cloudy,
⑤ There is still a light that shines on me,
Shine on until tomorrow, let it be.
I wake up to the sound of music.
Mother Mary comes to me.
Speaking words of wisdom, let it be.

········· Repeat

한글 해석

한글 가사를 읽으며 내용을 더 정확하게 이해하세요

내가 근심의 시기에 처해 있을 때
어머니 메리('성모마리아'를 의미)가 다가와
지혜의 말씀을 해주셨지. 그냥 내버려둬.
암흑의 시간 중에도
어머니 메리는 내 앞에 똑바로 서서
지혜의 말씀을 해주셨지. 그냥 내버려둬.

그냥 내버려둬, 그냥 내버려둬, 그냥 내버려둬, 그냥 내버려둬.
지혜의 말씀을 속삭여 주셨지. 그냥 내버려둬.

세상의 모든 상심한 사람들마저도
그냥 내버려두라는 말에
해답이 있다는 것에 동의하지.
헤어진다 할지라도 다시 만날 기회는 있어.
해답이 있을 거야. 그냥 내버려둬.

········
그냥 내버려둬, 그냥 내버려둬, 그냥 내버려둬, 그냥 내버려둬.
해답이 있을 거야. 그냥 내버려둬.
그냥 내버려둬, 그냥 내버려둬, 그냥 내버려둬, 그냥 내버려둬.
지혜의 말씀을 속삭여 주셨지. 그냥 내버려둬.

········
구름 덮인 밤일지라도
여전히 나를 밝혀줄 불빛은 있어.
다음날까지 나를 밝혀줄 거야. 그냥 내버려둬.
음악 소리에 잠을 깨보니
어머니 메리가 내게 와서
지혜의 말씀을 하셨어.
그냥 내버려둬.

········· 반복

1 When I find myself in times of trouble.

내가 근심의 시기에 처해 있을 때.

in times of trouble은 '근심(고난)의 시간에, 어려움을 겪을 시기에'라는 뜻으로 다음에
나오는 가사 in my hour of darkness '암흑의 시간에'와 같은 뜻입니다.

★ **He is in times of trouble now.** 그는 지금 곤경에 처해 있어요.

2 Speaking words of wisdom, let it be.

지혜의 말씀을 해주셨지, 그냥 내버려둬.

speaking words of wisdom '지혜의 말씀을 하면서'에서 speaking은 분사구문으로 쓰여 '~
하면서'로 해석됩니다. let은 사역동사로 '~하게 하다, ~하게 시키다'이며 주로 [let+목적어
+동사원형]의 형태로 '~을 ~하게 하다'라는 의미로 쓰입니다. Let it be.는 직역하면 '그것을
있는 그대로 내버려둬라.'이며, 시간을 두고 그냥 두면 해결되므로 상황을 있는 그대로 받아
들이라는 말입니다.

3 There is still a chance that they will see.

그들이 다시 만날 기회는 여전히 있어.

기회가 있다는 얘기는 가능성, 가망이 있다는 희망적인 의미입니다.

★ **I will give you another chance.** 너에게 다시 한 번 기회를 주겠어.

4 There will be an answer.

해답이 있을 거야.

어떠한 문제로 고민하는 사람에게 There will be an answer.라고 말할 수 있습니다. 즉, 이
문장은 걱정거리가 있는 상대방을 위로할 때 건넬 수 있는 표현입니다.

★ **Don't worry. There will be an answer.** 걱정 마. 해결책이 있을 거야.

5 There is still a light that shines on me.

나를 밝혀줄 불빛은 여전히 있어.

아무리 어둡고 힘든 일이 있어도 내일은 내일의 태양이 떠오르듯 나에게 빛을 비춰줄 등불은
있을 거라는 희망을 나타내는 표현입니다.

★ **Happiness shines on your face.** 너의 얼굴에 행복이 빛나고 있어.

A: Do you have any ❶ **worries**?

무슨 걱정거리 있어요?

B: Yes, I do. Actually I'm worried about my son.

네, 있어요. 사실은 아들을 걱정하고 있어요.

A: What's wrong with him? He is a healthy man with a good job.

그에게 무슨 일이 있어요? 그는 좋은 직업을 가진 건강한 남자잖아요.

B: Right. He is ❷ **old enough to get married**, but he isn't married yet.

맞아요. 그 애가 결혼할 나이가 충분히 되었는데, 아직 결혼을 안 했어요.

A: Don't worry too much. It's his life. Let it be. He'll be fine.

너무 걱정하지 마세요. 그 애 인생이잖아요. 그냥 내버려두세요. 괜찮을 거예요.

B: He is ❸ **in his mid-30s**. Besides, he has no girlfriend.

그는 30대 중반이에요. 게다가 여자친구도 없어요.

표현 익히기

❶ worry는 동사로는 '걱정하다', 명사로는 '걱정, 걱정거리'입니다. 따라서 be worried about은 '~에 대해 걱정하다'라는 의미입니다.

❷ [old enough to+동사원형]은 '~하기에 충분한 나이이다'라는 의미입니다.
  ★ **I'm old enough to know that.** 나도 그것을 알기에 충분한 나이예요.

❸ in one's mid-30s는 '30대 중반에'이며, 나이대를 나타내는 표현으로 in one's early 30s '30대 초반에', in one's late 30s '30대 후반에' 등으로 쓰입니다.
  ★ **I'm in my mid-40s.** 저는 40대 중반입니다.

Let It Be

When I find myself in times of trouble
웬 아이 파인 마이셀프 인 타임즈 오브 츄러볼~

Mother Mary comes to me
마~덜 메리 컴스 투 미

Speaking words of wisdom, let it be.
스삐킹 워~즈 오브 위즈덤, 렛 잇 비

And in my hour of darkness
앤 인 마이 아우 로브 다알크니스

She is standing right in front of me
쉬 이즈 스땐딩 롸잇 인 프론 오브 미

Speaking words of wisdom, let it be.
스삐킹 워~즈 오브 위즈덤, 렛 잇 비

Let it be, let it be, let it be, let it be.
렛 잇 비, 렛 잇 비, 렛 잇 비, 렛 잇 비

Whisper words of wisdom, let it be.
위스퍼 워~즈 오브 위즈덤, 렛 잇 비

And when the broken hearted people
앤 웬 더 브로큰 할~리드 피폴~

Living in the world agree,
리빙 인 더 워~얼드 어그리

There will be an answer, let it be.
데어 윌 비 언 앤써, 렛 잇 비

For though they may be parted
퍼 도우 데이 메이 비 파리드

There is still a chance that they will see.
데어 리즈 스틸 어 챈스 댓 데이 윌 씨

There will be an answer, let it be
데어 윌 비 언 앤써, 렛 잇 비

. . . .
Let it be, let it be, let it be, let it be.
렛 잇 비, 렛 잇 비, 렛 잇 비, 렛 잇 비

There will be an answer, let it be
데어 윌 비 언 앤써, 렛 잇 비

Let it be, let it be, let it be, let it be.
렛 잇 비, 렛 잇 비, 렛 잇 비, 렛 잇 비

Whisper words of wisdom, let it be.
위스퍼 워~즈 오브 위즈덤, 렛 잇 비
. . . .

. . . . Repeat

And when the night is cloudy,
앤 웬 더 나잇 이즈 클라우디

There is still a light that shines on me,
데어 리즈 스틸 어 라잇 댓 샤인즈 온 미

Shine until tomorrow, let it be.
샤인 언틸 투머로우, 렛 잇 비

I wake up to the sound of music
아이 웨이 컵 투 더 사운드 오브 뮤직

Mother Mary comes to me,
마~덜 메리 컴스 투 미

Speaking words of wisdom, let it be
스삐킹 워~즈 오브 위즈덤, 렛 잇 비

. . . . Repeat

MUSIC STORY

이 노래는 삶이 힘들고 앞으로 살아갈 희망이 없다고 느낄 때 들으면 위안이 되는 곡입니다. 어떠한 상황에서도 '순리를 따르라, 그냥 있는 그대로 내버려두라, 그러면 문제가 해결될 것이다'라고 말하는 희망적인 노래죠. 아름답고 경건한 멜로디에 반복되는 가사로 쉽게 따라부를 수 있습니다.

제목 Let it be는 히브리말로 '아멘'입니다. 우리말로 옮기자면 '그리될지어다, 그리되게 해 주옵소서' 정도의 뜻이죠. 노랫말 중에 Mother Mary란 말이 나오는데, 유방암으로 일찍 세상을 떠난 폴 매카트니의 어머니 Mary Mohin McCartney를 가리키는 말로 알려졌으나 노랫말의 흐름상 Virgin Mary, 즉 성모마리아를 가리킨다고 보는 사람들도 많습니다. 어느 쪽으로 해석해도 별 무리가 없을 듯합니다.

비틀즈의 12번째이자 마지막 앨범에 수록된 곡으로, 1970년 3월 싱글로 발매되었습니다. 폴 매카트니가 작곡했으며, 원제는 Get Back으로 초심으로 돌아가자는 뜻과 다시 대중들 앞에서 공연 투어를 하고자 하는 열망을 더해 붙인 것이라고 합니다.

Take Me Home, Country Roads

내 고향, 시골길로 데려다주오

Sung by John Denver

가사 익히기

노래를 들으며 가사를 차근차근 읽어보세요.

Almost heaven West Virginia
Blue Ridge Mountains, Shenandoah River.
❶ Life is old there, older than the trees
Younger than the mountains,
Growing like a breeze.

....

❷ Country roads, take me home
To the place I belong.
West Virginia, mountain mama
Take me home, country roads.

....

All my memories gather 'round her
Miner's lady, stranger to blue water.
Dark and dusty, painted on the sky
Misty taste of moonshine,
Teardrop in my eye.

I hear her voice in the morning hour she calls me.
❸ Radio reminds me of my home far away.
Driving down the road ❹ I get a feeling
That I should have been home yesterday.

한글 해석

한글 가사를 읽으며 내용을 더 정확하게 이해하세요.

거의 천국 같은 곳, 웨스트버지니아
블루리지 산과 쉐넌도어 강이 있었지.
그곳의 삶은 오래되었어. 나무보다 더 오래되고
산보다는 어린 곳.
산들바람처럼 우린 자랐지.

······

내 고향, 시골 길로 날 좀 데려다 주오.
내가 있어야 할 그곳으로.
웨스트버지니아, 어머니 같은 산
내 고향, 시골 길로 데려다 주오.

······

내 모든 기억은 그녀뿐이네.
푸른 강물이 낯설었던 광부의 여인
어둡고 먼지 낀, 색칠한 것 같은 하늘
희미해진 문샤인 술맛 생각하니
눈물 고이네.

······ 반복

아침에 나를 깨우는 그녀의 목소리를 들었지.
라디오를 들으니 멀리 있는 고향이 생각나네.
차를 몰고 길을 가는데 문득 그런 생각이 드네.
진작 고향으로 갔어야만 했는데. 진작 말이야.

······ 2번 반복

1 Life is old there, older than the trees.

그곳의 삶은 오래되었어, 나무보다 오래되었지.

사람들이 그곳에서 생활한 지 나무들보다 오래되었다는 뜻입니다. older than의 older는 형용사의 비교급으로, [형용사er+than] 또는 [more 형용사+than]의 형태로 '보다 더 ~한'으로 사용됩니다.

★ **You are older than I am.** 당신이 나보다 나이가 더 많군요.

2 Country roads, take me home to the place I belong.

시골 길, 내가 있어야 할 내 고향으로 날 좀 데려다 주오.

[take+사람+to+장소]는 '~를 ~로 데려가다'라는 의미입니다. 그런데 home은 부사로 쓰이기 때문에 앞에 to를 쓰지 않고 take me home '날 집에 데려다 줘'라고 합니다. to the place I belong은 I belong to the place. '난 그곳에 속한 사람이오.'가 도치된 문장입니다.

★ **Will you take me to school today?** 오늘 저를 학교에 데려다 줄래요?

3 Radio reminds me of my home far away.

라디오가 내게 먼 고향을 생각나게 하네.

[remind+사람 of+사물]은 '~에게 ~을 상기시키다, 생각나게 하다'라는 의미입니다.

4 I get a feeling that I should have been home yesterday.

내가 어제 고향으로 갔어야만 했다는 생각이 드네요.

[get(have) a feeling that+주어+동사]는 '~한 예감[생각, 느낌]이 든다'라는 의미이며, [should have+p.p]는 '~했어야만 했는데'로 과거 사실에 대한 후회를 나타냅니다.

★ **I should have studied English hard in my school days.**
학창시절에 영어공부를 열심히 했어야만 했는데.

A: Where is your ❶ **hometown**?

당신 고향이 어디예요?

B: My hometown is Jochiwon, a small town in the countryside.

내 고향은 시골에 있는 작은 마을 조치원이에요.

A: Do you often visit there?

거기에 자주 방문하나요?

B: No, not often. That reminds me of my hometown.

아니요, 자주 못 가요. 그러고 보니 고향이 생각나는군요.

A: ❷ **I just get a feeling that I want to see my old pals**, too.

나도 옛 친구들이 보고 싶다는 생각이 드네요.

B: Do you still ❸ **keep in touch with** them?

그들과 아직도 연락하나요?

표현 익히기

❶ hometown은 '고향'을 뜻하며, home으로 사용되기도 합니다. 비슷한 표현으로 birthplace '출생지'가 있습니다.
　★ **Where are you from?, Where do you come from?** 고향이 어디인가요?

❷ [I just get a feeling that+주어+동사]는 '~해야겠다는 생각[느낌]이 든다'입니다.

❸ keep in touch with는 '~와 연락을 유지하다, 연락하며 지내다'이며 [get in touch with+사람], [contact+사람]과 같은 의미입니다.
　★ **How can I get in touch with you?** 당신과 어떻게 연락을 하나요?
　★ **Let's keep in touch.** 연락하며 지냅시다.

Take Me Home, Country Roads

Almost hea**v**en West **V**irginia
올모스트 해~븐 웨스트 버지니아

Blue Ridge Mountains, Shenandoah **R**iver.
블루 릿지 마운튼스 쉐넌도아 리버

Li**f**e is ol**d** there, old**er** than the trees.
라이프 이즈 올드 데어 올더 댄 더 츄리즈

Younge**r** than the mountain,
영걸 댄 더 마운튼

Growing **like a** breeze.
그로잉 라익 커 브리즈

. . . .

Country **r**oads, take me home
컨츄리 로오즈 테익 미 호옴

To the place I belong.
투 더 플레이스 아이 비롱

Wes**t** **V**irginia, mountain mama
웨스트 버지니아 마운튼 마마

Take me home, country **r**oads.
테익 미 호옴 컨츄리 로오즈

. . . .

All my memories gath**er** 'round her
올 마이 메모리즈 게더 라운드 허

Miner's lady, strange**r** to blue wat**er**.
마이너스 레이디 스트레인저 투 블루 워~러

Dark an**d** dusty, painted on the sky
달~크 앤 더스티 페인티드 온 더 스카이

Misty taste **of** moonshine,
미스티 테이스트 오브 문~샤인

Teardrop in my eye.
티어드랍 인 마이 아이

. . . . . . Repeat

I hear her **v**oice
아 히어 허 보이스

in the morning hou**r** she calls me.
인 더 모~닝 아우어 쉬 콜스 미

Radio reminds me **of** my home **far** away.
레이디오 리마인즈 미 오브 마이 호움 파 어웨이

Driving down the **r**oad I ge**t a** feeling
드라이빙 다운 더 로오드 아이 게러 필링

That I shoul**d** ha**v**e been home yest**er**day.
대 라이 슛 해브 빈 호움 예스터데이

. . . . . . Repeat (×2)

MUSIC STORY

고향을 떠나 대도시에 살고 있는 젊은이라면 누구나 한 번쯤 고향의 가족들과 고향의 풍경을 그리워하곤 합니다. 이 목마름을 해소하기엔 바쁜 일상의 무게가 우리를 짓누릅니다. 이 노래는 바로 이러한 젊은이가 고향에 계신 어머니와 정겨운 시골을 그리워하는 마음을 표현하고 있습니다. 후반부에는 바쁘다는 핑계로 집에 가보지 못해 후회하는 마음까지 담고 있어 더욱 애잔해지지만, 가사와는 대조적인 흥겨운 리듬 덕택에 경쾌하게 들을 수 있는 노래입니다.

1971년 발매된 이 노래는 그해 미국의 음악 인기순위 2위에 올랐고, 백만 장 이상의 판매고를 올려 존 덴버를 세계적인 스타로 만들었습니다. 지금까지도 명절이면 라디오에서 흘러나오는 이 노래는 대표 컨트리송 중 하나로 사랑받고 있습니다.

1943년 12월 31일 미국 캘리포니아에서 태어난 존 덴버는 자연과 인생의 소박한 즐거움을 건전하고 낭만적으로 노래했습니다. 그는 12세 때부터 할머니가 준 기타를 연주했으며, 1960년대 중반 LA로 가서 채드 미첼 트리오와 함께 음악 생활을 시작했습니다. 그는 자연의 아름다움이 넘치는 콜로라도 주의 주도를 따서 이름을 '덴버'라고 지었으며, 그가 첫 번째로 만든 노래 Leaving on a Jet Plane은 1969년 최고의 히트곡이 되었습니다. 1971년에 그는 밀리언셀러 싱글인 〈Take Me Home, Country Roads〉를 녹음했으며, 호소력 짙은 노래들로 꾸준히 큰 인기를 얻었습니다. 맑은 목소리를 가진 존 덴버는 목가적인 가사를 통기타 연주와 함께 노래하여 세계적인 인기를 얻었습니다. 그는 청량하고 맑은 목소리로 전성기 내내 미국의 목소리로 불렸으나 안타깝게도 1997년 경비행기 추락사고로 생을 마감했습니다.

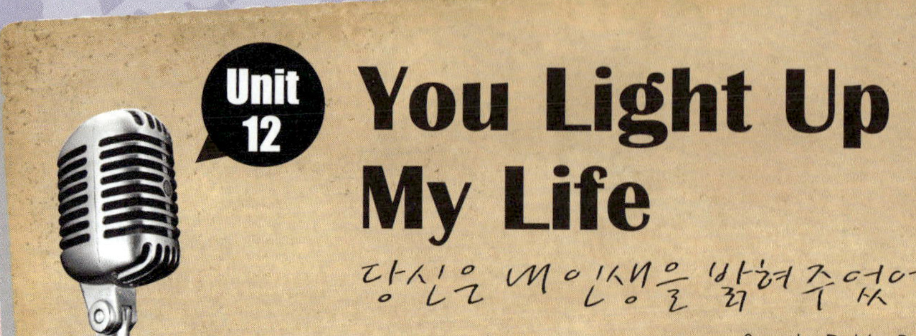

가사 익히기

노래를 들으며 가사를 차근차근 읽어보세요.

❶ So many nights I'd sit by my window
Waiting for someone to sing me his song.
So many dreams I kept deep inside me
Alone in the dark. But ❷ now you've come along.

. . . .

And you light up my life.
❸ You give me hope to carry on.
❹ You light up my days
And fill my nights with song.
. . . .

Rolling at sea adrift on the waters
Could it be finally I'm turning for home.
Finally a chance to say 'Hey, I love you.'
Never again to be all alone.

. . . . . . Repeat (×2)

❺ It can't be wrong when it feels so right.
'Cause you, you light up my life.

내게 노래 불러줄 누군가를 기다리며
난 수많은 밤을 창가에 앉아 있곤 했어요.
어둠 속에서 홀로 수많은 꿈을 마음속에
간직하기도 했어요. 하지만 이제 당신이 내게 왔어요.

· · · · · · ·

당신은 내 인생의 빛을 비춰주고
살아갈 희망을 주고
내 삶을 밝혀주시고
노래로 밤을 채워 줬어요.

· · · · · · ·

바다 위에 표류하듯 헤매다가
난 마침내 집으로 돌아가고 있는 걸까요?
마침내 당신을 사랑한다고 말할 기회일까요?
다시는 외로워하지 않을 거예요.

· · · · · · · 2번 반복

그것이 옳은 것처럼 느껴지는데 잘못될 리가 없어요.
왜냐하면 당신은 내 인생을 밝혀줬으니까요.

•• words

wait for ~를 기다리다

keep 간직하다

deep 깊이

inside 안쪽에, 내부에

alone 혼자

light 빛을 비추다

carry on ~을 계속하다, 수행하다

fill ~with ~으로 채우다

roll 구르다, 이리저리 돌아 다니다

adrift 표류하는, 헤매는

turn for ~로 돌아가다

finally 마침내

chance 기회

cause 왜냐하면(because 의 줄임말)

❶ So many nights I'd sit by my window.

수많은 밤을 창가에 앉아 있었어요.

I'd는 I would의 줄임말로 과거의 불규칙적인 습관을 나타낼 때 '~하곤 했었다'라는 뜻으로 쓰이고, 같은 말로 규칙적인 습관을 나타낼 때는 [used to+동사원형]을 씁니다.

★ **I would often take a walk in the afternoon.** 난 자주 오후에 산책을 하곤 했다.

❷ Now you've come along.

이제 당신이 내게 왔어요.

오랫동안 나를 사랑해줄 사람을 기다렸는데, 드디어 그 사람이 내게 왔다는 뜻입니다.

★ **Come along with me.** 나를 따라오세요.

❸ You give me hope to carry on.

당신은 내게 살아갈 희망을 줍니다.

carry on은 '~을 계속해서 하다, 수행하다, 살아가다' 등의 뜻으로 쓰이는데 여기서는 '당신은 내게 살아갈 희망을 준다.'로 해석하면 적당합니다.

★ **Sorry, just carry on.** 미안해요, 계속하세요.

❹ You light up my days and fill my nights with song.

당신은 내 삶을 밝혀주고, 노래로 나의 밤을 채워줍니다.

fill ~with는 '~으로 가득 채우다'이며, 따라서 You fill my nights with song. '당신이 나의 밤들을 노래로 가득 채운다.'는 이제 밤이 외롭지 않고 행복하다는 의미입니다.

★ **Fill this glass with beer for me.** 이 잔에 맥주를 채워주세요.

❺ It can't be wrong when it feels so right.

그것이 옳은 것처럼 느껴지는데 잘못될 리가 없어요.

[can't be+형용사]는 '~일 리가 없다'이며, 따라서 It can't be wrong.은 '그것은 분명하다.'입니다. 반대말은 It must be wrong. '그것은 잘못된 것임이 틀림없어.'입니다.

★ **It feels so right.** 그것이 옳다는 느낌이 들어.

A: ❶**Love is so blind. It feels right** when it's wrong.

사랑은 눈을 멀게 해. 잘못된 것도 옳은 것처럼 느끼게 하지.

B: I don't understand what you mean. Are you talking about love?

무슨 뜻인지 모르겠어. 너 지금 사랑에 대해 말하는 거니?

A: Yes, I am. You know my girlfriend Julie tells lies to her mother.

응, 그래. 있잖아, 내 여자 친구 줄리가 엄마한테 거짓말을 해.

But I don't really ❷**mind** it.

하지만 난 별로 상관하지 않아.

B: ❸**Now I understand what you are saying**. We shouldn't tell lies.

이제야 네가 무슨 얘기하는지 알겠다. 우리는 거짓말을 해서는 안 돼.

A: You're right. But I don't think she is a bad girl.

네 말이 맞아. 하지만 그녀가 나쁜 애라는 생각이 안 들어.

B: Oh, you are so ❹**blind** to her faults.

아, 너 그녀의 잘못을 깨닫지 못하는구나.

표현 익히기

❶ Love is so blind.는 사랑에 빠지면 눈이 먼 것처럼 아무것도 볼 수 없다는 뜻이며
It feels right.은 '그것이 옳다는 느낌이다, 그게 옳다고 느낀다.'라는 의미입니다.

❷ mind가 의문문, 부정문에서 동사로 쓰일 때는 '~을 꺼리다, 걱정하다'라는 의미입니다.
★ **Never mind.** 신경 쓰지 마.

❸ 이해하지 못하던 상대방의 말을 이해했거나 자신이 상대방의 말을 이해했다는 사실을
강조해서 말할 때 사용하는 표현입니다.
★ **Now I understand you.** 이제 널 이해하겠다.

❹ blind는 '눈이 먼, 깨닫지 못하는, 이해력 없는'이라는 뜻입니다.

You Light Up My Life

So many nights I'd si**t** by my window
쏘 매니 나잇츠 아일 씻 바이 마이 윈도우

Waiting **for** someone to sing me his song.
웨이팅 포 썸원 투 씽 미 히스 쏭

So many dreams I kep**t** deep insi**de** me
쏘 매니 드림즈 아이 켑 딥 인싸이 미

Alone in the da**rk**. Bu**t** now you'**ve** come along.
어론 인 더 다~알크. 밧 나우 유브 컴 어롱

. . . .

And you ligh**t up** my **life**. You gi**ve** me hope to carry on.
앤 유 라이 럽 마이 라잎 유 깁 미 홉 투 캐리 온

You ligh**t up** my days and **fill** my nights wi**th** song.
유 라이 럽 마이 데이즈 앤 필 마이 나잇츠 위드 쏭

. . . .

Rolling at sea adri**ft** on the wa**ter**s
롤링 앳 씨 어드리프트 온 더 워러~

Coul**d it** be **finally** I'm tu**rn**ing **for** home.
쿠 딧 비 파이널리 아임 터닝 퍼 호옴

Finally a chance to say 'Hey, I lo**ve y**ou.'
파이널리 어 챈스 투 쎄이 '헤이' 아일 러 뷰

Ne**ver** again to be all along.
네버~ 어겐 투 비 올 어롱

. . . . . . Repeat (x2)

It can'**t** be w**r**ong when it **f**eels so **r**ight.
잇 캔~ 비 롱 웬 잇 필 쏘 롸잇

'Cause you, you ligh**t up** my li**fe**.
코오즈 유, 유 라이 럽 마이 라잎

MUSIC STORY

오랫동안 외로웠던 나에게 노래를 불러줄 사람,
나를 사랑해줄 사람을 기다렸는데 당신이 내게
와서 내 인생에 빛을 비춰주고 살아갈 희망을
주었다고 노래합니다. 사랑하는 사람에게 고
백하듯 불러주기 좋은 노래입니다. 제목 You
light up my life의 light는 '빛을 비추다'라는
의미이며, 당신이 내 인생에 빛을 비춰준다는
말입니다.

1956년 9월 22일 미국 뉴올리언스에서 태어난 데비 분은 1950년대 팝계의 최고 스타 팻
분의 딸로, 1977년 You light up my life로 데뷔했습니다. 그녀는 이 노래로 10주 동안
빌보드 팝 싱글차트 1위를 차지했고 그래미 최우수신인상과 아카데미 주제가상을 받았
습니다. 400만 장 이상의 앨범 판매고를 올렸으며, 70년대를 대표하는 가수로 사랑받았
습니다.

가사 익히기

노래를 들으며 가사를 차근차근 읽어보세요.

❶ Before the dawn, I hear you whisper.
In your sleep 'Don't let the morning take him.'
Outside the birds begin to call
As if to summon up my leaving.

❷ It's been a lifetime since I found someone.
Since I found someone who would stay.
❸ I've waited too long, and now you're leaving.
❹ Oh, please don't take it all away.

It's been a lifetime since I found someone.
Since I found someone who would stay.
I've waited too long, and now you're leaving.
Oh, please don't take it all away.

Before the dawn, I hear you whisper.
In your sleep 'Don't let the morning take him.'

한글 가사를 읽으며 내용을 더 정확하게 이해하세요.

새벽이 오기 전에 당신이 속삭이는 게 들려요.
잠결에 '아침이여 그를 데려가지 마세요.'
밖에서는 새들이 울기 시작하네요.
마치 내가 떠나길 재촉이라도 하듯.

누군가를 만나기까지 평생을 보냈어요.
내 곁에 있어줄 누군가를 만나기까지요.
난 너무 오래 기다렸어요. 그런데 지금 당신이 떠나려 하네요.
오, 제발 모든 것을 앗아가지 마세요.

누군가를 만나기까지 평생을 보냈어요.
내 곁에 있어줄 누군가를 만나기까지요.
난 너무 오래 기다렸어요. 그런데 지금 당신이 떠나려 하네요.
오, 제발 모든 것을 앗아가지 마세요.

새벽이 오기 전에 당신이 속삭이는 게 들려요.
잠결에 '아침이여 그를 데려가지 마세요.'

words

before ~전에

dawn 새벽, 여명

whisper 속삭이다, 속삭임

take 데려가다

outside 밖에

begin to+ 동사원형 ~하기 시작하다

as if to+동사원형 마치 ~하듯이, ~안 것처럼

summon 부르다, 소환하다

leaving 떠남

lifetime 평생

since ~이래로

take ~away ~을 가져가다

❶ Before the dawn, I hear you whisper.

새벽이 오기 전에 당신이 속삭이는 게 들려요.

[hear+목적어(사람)+동사원형]은 5형식 문장으로 '~가 ~하는 것을 듣다'입니다.

★ **I often hear my mother sing in the shower.** 난 엄마가 샤워하면서 노래하는 것을 자주 듣는다.

❷ It's been a lifetime since I found someone.

나는 누군가를 만나기까지 평생을 보냈어요.

이 문장은 현재완료 구문의 계속적 용법으로, [have p.p since+주어+동사(과거형)]의 형태로 사용되며 '~이후로 계속 ~하였다'라는 뜻입니다.

★ **I have lived in Seoul since I moved here in 2007.**
2007년에 여기에 이사 온 이후로 난 계속 서울에 살았다.

❸ I've waited too long.

난 너무 오래 기다렸어요.

현재완료 구문의 계속적 용법인 have waited(p.p)는 '계속 기다려 왔다'라는 뜻입니다.

★ **Please wait for me here.** 여기서 날 좀 기다려 줘요.

❹ Oh, please don't take it all away.

오, 제발 모든 것을 앗아가지 마세요.

take ~away는 '~을 멀리 가져가다, 빼앗다'라는 뜻이므로, 이 표현은 그 사람이 떠나는 것이 나의 모든 것을 빼앗아 가는 것, 즉 그를 떠나게 하지 말아 달라는 애원의 표현입니다.

★ **Please don't leave me alone.** 나를 떠나지 마세요.

A: ❶ **Look who I've got here.** Hello, Jina. ❷ **Long time no see.**

이게 누구야. 안녕, 지나. 오랜만이야.

B: Hi, Kim. It's been a long time since I saw you last.

안녕, 킴. 내가 널 마지막으로 본지 오랜 시간이 흘렀구나.

A: Yeah. ❸ **How have you been?**

그래. 그동안 어떻게 지냈니?

B: I've been fine. How about you?

난 잘 지냈어. 너는 어때?

A: Pretty well. ❹ **Oh, you haven't changed a bit.** You look great.

아주 좋아. 오, 너 조금도 안 변했구나. 너 좋아 보인다.

B: Thanks. Let's talk over a cup of coffee over there.

고마워. 우리 저기 가서 커피나 한 잔 하면서 얘기 나누자.

표현 익히기

❶ 뜻밖에 누군가를 만났을 때 사용하는 표현입니다.
  - ★ **What are you doing here!** 여긴 어쩐 일이니!
  - ★ **What a nice surprise!** 참으로 반갑구나!

❷ 좀 더 정중한 표현은 I haven't seen you for a long time. '오랜만에 뵙는군요.'입니다.
  - ★ **I haven't seen you in years(=in ages).** 몇 년 만에 뵙는군요.

❸ How are you? '안녕하세요?'의 현재완료형입니다.
  - ★ **How are you getting along these days?** 요즘 어떻게 지내요?

❹ 칭찬으로 자주 쓰이는 표현입니다.
  - ★ **You've changed a lot.** 당신 많이 변하셨군요.

실제 소리 나는 대로 적힌 한글 발음을 보며 여러 번 따라 불러보세요.

Before The Dawn

Before the dawn, I hear you whisper.
비포 더 던, 아이 히얼 유 위스퍼얼

In your sleep 'Don't let the morning take him.'
인 유어 슬~립 돈 렛 더 모~닝 테이 킴

Outside the birds begin to call
아웃싸이 더 버~얼즈 비긴 투 코~올

As if to summon up my leaving.
애즈이프투 써먼~ 업 마이 리~빙

. . . .

It's been a lifetime since I found someone.
잇츠 벤 어 라이프타임 씬스 아이 파~운 썸 원~

Since I found someone who would stay.
씬스 아이 파~운 썸원~ 후 웉~ 스떼이

I've waited too long, and now you're leaving.
아이브 웨잇 투 롱 앤 나우 유아 리~빙

Oh please don't take it all away.
오 플리~즈 돈 테이 킷 오러 웨이
. . . .

. . . . . . Repeat

Before the dawn, I hear you whisper.
비포 더 던, 아이 히얼 유 위스퍼얼

In your sleep 'Don't let the morning take him.'
인 유어 슬~립 돈 렛 더 모~닝 테이 킴

MUSIC STORY

노래 이야기

이 곡은 평생 찾아 헤매던 사랑을 드디어 찾았다고 생각했는데, 아침이 오면 떠나야 하는 사랑하는 사람에 대한 아쉬움과 슬픔을 애절하게 표현한 노래입니다.

1978년 10월 발표한 음반 〈Killing Machine〉에 수록된 감동적인 록발라드로, 엄청난 인기를 끌었을 뿐만 아니라 주다스 프리스트는 이 곡의 인기에 힘입어 일본 도쿄순회공연을 떠나기도 했습니다.

가수 이야기

주다스 프리스트는 1972년 데뷔한 영국의 헤비메탈 그룹입니다. '배신자 유다의 사제'라는 뜻의 그룹명에는 Metal God이라는 수식어가 따라다닙니다. 1969년 영국 버밍엄에서 결성된 헤비메탈 밴드로, 현재의 헤비메탈 사운드와 이미지, 패션을 만들어낸 주인공으로 알려졌습니다. 1980년 발표한 〈British Steel〉에서 스스로 Metal God이라 선언했으며, 이후 그것이 통칭이 되었습니다.

 노래를 들으며 가사를 차근차근 읽어보세요.

....

❶ You fill up my senses
Like a night in a forest,
Like the mountains in springtime,
Like a walk in the rain,
Like a storm in the desert,
Like a sleepy blue ocean.
You fill up my senses.
Come fill me again.

....

Come let me love you.
❷ Let me give my life to you.
❸ Let me drown in your laughter.
Let me die in your arms.
Let me lay down beside you.
❹ Let me always be with you.
Come let me love you.
Come love me again.

Let me give my life to you.
Come let me love you.
Come love me again.

······ Repeat

한글 해석

한글 가사를 읽으며 내용을 더 정확하게 이해하세요.

······

당신은 내 감각들을 가득 채워줍니다.
숲 속에서 맞이하는 밤처럼
봄날의 푸르른 산들처럼
빗속에서 거니는 산책처럼
사막에 찾아오는 폭풍우처럼
고요한 푸른 바다처럼
당신은 내 감각들을 가득 채워줍니다.
와서 다시 나를 충만하게 해줘요.

······

내게 와서 당신을 사랑하게 해주세요.
내 삶을 당신에게 바치게 해주세요.

당신의 웃음 속에 빠지게 해주세요.
당신의 품 안에서 죽게 해주세요.
당신 곁에 누울 수 있게 해주세요.
당신과 늘 함께 있게 해주세요.
내게 와서 당신을 사랑하게 해주세요.
와서 나를 다시 사랑해주세요.

내 삶을 당신에게 바치게 해주세요.
내게 와서 당신을 사랑하게 해주세요.
와서 나를 다시 사랑해주세요.

······ 반복

1　You fill up my senses like a night in a forest.

당신은 숲 속에서 맞이하는 밤처럼 내 감각을 가득 채워줍니다.

나의 모든 감각, 즉 오감을 만족스럽게 해줘서 행복하다는 말입니다. 이 문장에서
like는 전치사로, '~처럼, ~같이'라는 의미로 사용됐습니다.

★ **The news filled my heart with hope.**　그 소식은 내 마음을 희망으로 부풀게 했다.

2　Let me give my life to you.

내 삶을 당신에게 바치게 해주세요.

[Let me+동사원형]은 '내가 ~하게 하다, 허락하다'라는 뜻으로, [I will+동사원형] '내가
~할 것이다'와 유사하지만 더 공손한 표현입니다.

★ **Let me help you.**　제가 도와드릴게요.

3　Let me drown in your laughter.

당신의 웃음 속에 빠지게 해주세요.

직역하면 '내가 당신의 웃음 속에 빠지게 해주세요.'인 이 문장은 상대방의 웃음 속에서 행
복해지고 싶다는 뜻입니다.

★ **A drowning man will catch at a straw.**　물에 빠진 사람은 지푸라기라도 잡는다. (속담)

4　Let me always be with you.

당신과 늘 함께 있게 해주세요.

항상 당신과 함께 있고 싶다는 뜻입니다. 비슷한 표현으로 I want to be with you forever.가
있습니다.

★ **I will always be with you.**　언제나 당신과 함께 있을 거예요.

A: You look different today. You ❶ **look like** a new person.

오늘 뭔가 달라 보이네요. 다른 사람 같아 보여요.

B: I've just changed my hairstyle. ❷ **Do I look okay**?

그저 헤어스타일을 바꿨을 뿐인데요. 저 괜찮아 보여요?

A: Yes, you look nice. Your new hairstyle ❸ **looks good on** you.

네, 멋져 보여요. 새로운 헤어스타일이 당신에게 잘 어울리네요.

B: Thanks. I am glad to hear that.

고마워요. 그 말을 들으니 기뻐요.

A: Where did you ❹ **have your hair done**?

머리 어디서 했어요?

B: I did it at the hair salon near my house.

집 근처 미용실에서 했어요.

표현 익히기

❶ [look like+명사]는 '~처럼 보인다'이며, [look+형용사]는 '~해 보인다'라는 뜻이므로 구분해서 사용해야 합니다. like는 동사로 '~을 좋아하다'이지만 전치사로 쓰이면 '~처럼, ~같이'라는 뜻입니다.

❷ 같은 표현으로 'Do I look alright?'이 있습니다.
　★ **How do I look today?** 나 오늘 어때 보여요?

❸ look good on은 '~이 잘 어울린다'라는 의미입니다.
　★ **It looks good on you.** 그것은 당신에게 잘 어울려요.

❹ [have+목적어(사물)+p.p]는 '~을 ~하게 하다, ~하게 시키다'라는 뜻입니다.
　★ **I had my hair cut yesterday.** 나는 어제 머리를 잘랐어요.
　★ **I had my car washed this morning.** 오늘 아침에 세차했어요.

Annie's Song

....

You fill up my senses Like a night in a forest,
유 필 업 마이 쎈~씨스　라이 커 나~잇 인 어 포레스트

Like the mountains in springtime,
라잌 더 마운튼스 인 스프~링타임

Like a walk in the rain, Like a storm in the desert,
라이 커 월 인 더 레~인　라이 커 스또~옴 인 더 데~절~트

Like a sleepy blue ocean.
라이 커 슬리피 블루 오션

You fill up my senses. Come fill me again.
유 필 업 마이 쎈~씨스. 컴 필 미 어겐~
....

Come let me love you.
컴 렛 미 러~뷰

Let me give my life to you.
렛 미 깁 마이 라잎 투 유

Let me drown in your laughter.
렛 미 드라~운 인 유어 래~프터

Let me die in your arms.
렛 미 다이 인 유어 아~암스

Let me lay down beside you. Let me always be with you.
렛 미 레이 다운 비싸~이 듀　렛 미 올웨이즈 비 위드 유

Come let me love you. Come love me again.
컴 렛 미 러~뷰　컴 럽~ 미 어겐~

Let me give my life to you. Come let me love you.
렛 미 깁 마이 라이프 투 유　컴 렛 미 러~뷰

Come love me again.
컴 럽 미 어겐~

······· Repeat

MUSIC STORY

숲 속에서 맞이하는 밤처럼, 봄날의 산처럼, 빗속에서 하는 산책처럼, 사막에 찾아오는 폭풍우처럼, 고요하고 푸른 대양처럼 당신이 내 삶을 충만하게 해준다는 내용의 이 노래는 존 덴버가 대학 시절에 만나 사랑하고 결혼한 아내 애니 덴버에게 바친 사랑의 노래입니다. 콜로라도 주에 있는 스키 리조트 아스펜에 스키를 타러 갔다가 리프트 위에서 단 10여 분만에 작곡한 곡입니다.

1974년 6월 발표된 앨범 〈Back Home Again〉에 수록됐던 이 곡은, Sunshine on My Shoulders에 이어 두 번째로 빌보드 차트 1위를 기록했으며, 영국, 캐나다 팝 차트 1위에 오르며 큰 사랑을 받았습니다. 그러나 불행하게도 1980년대 들어서 존 덴버와 아내가 결별함에 따라 더 이상 이 노래를 부를 수 없게 됩니다. 하지만 한 편의 멋진 시와 같은 이 노래는 지금까지 결혼식 축가로 애창되고 있습니다.

1943년 12월 31일 미국 캘리포니아에서 태어난 존 덴버는 자연과 인생의 소박한 즐거움을 건전하고 낭만적으로 노래했습니다. 그는 12세 때부터 할머니가 준 기타를 연주했으며, 1960년대 중반 LA로 가서 채드 미첼 트리오와 함께 음악 생활을 시작했습니다. 그는 자연의 아름다움이 넘치는 콜로라도 주의 주도를 따서 이름을 '덴버'라고 지었으며, 그가 첫 번째로 만든 노래 Leaving on a Jet Plane은 1969년 최고의 히트곡이 되었습니다. 1971년에 그는 밀리언셀러 싱글인 〈Take Me Home, Country Roads〉를 녹음했으며, 호소력 짙은 노래들로 꾸준히 큰 인기를 얻었습니다. 맑은 목소리를 가진 존 덴버는 목가적인 가사를 통기타 연주와 함께 노래하여 세계적인 인기를 얻었습니다. 그는 청량하고 맑은 목소리로 전성기 내내 미국의 목소리로 불렸으나 안타깝게도 1997년 경비행기 추락사고로 생을 마감했습니다.

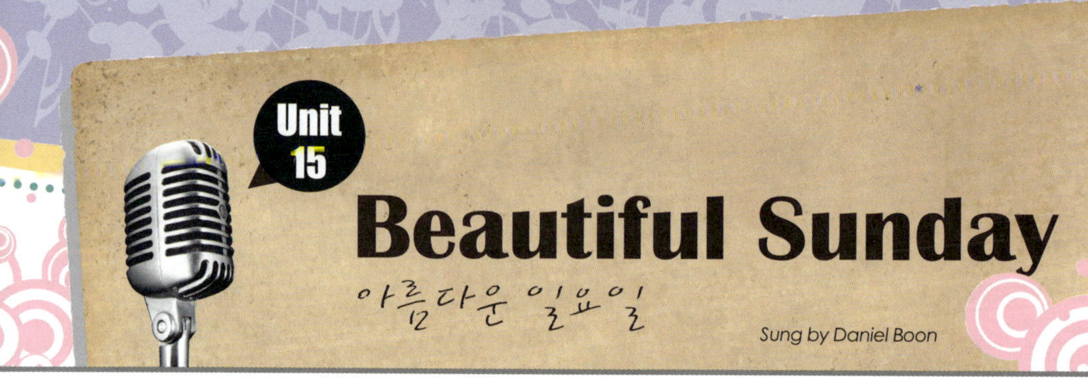

가사 익히기 노래를 들으며 가사를 차근차근 읽어보세요

Sunday morning, up with the lark
❶ I think I'll take a walk in the park.
Hey, hey, hey, it's a beautiful day.

❷ I've got someone waiting for me.
And when I see her I know that she'll say.
Hey, hey, hey, it's a beautiful day.

. . . .

Hi, hi, hi, beautiful Sunday.
This is my, my, my beautiful day.
When you said, said, said,
Said that you loved me.
❸ Oh my, my, my, it's a beautiful day.

. . . .

Birds are singing, you by my side.
❹ Let's take a car and go for a ride.
Hey, hey, hey, it's a beautiful day.

We'll drive on and follow the sun.
Making Sunday go on and on
Hey, hey, hey, it's a beautiful day.

······· Repeat (×2)

한글 해석

한글 가사를 읽으며 내용을 더 정확하게 이해하세요.

일요일 아침에 일어나니, 종달새가 지저귀고
난 공원에서 산책이나 할까 생각했어요.
이봐요, 이봐요, 이봐요, 아름다운 일요일이에요.

나를 기다리는 사람이 있어요.
내가 그녀를 보면 그녀가 이렇게 말할 것을 알고 있어요.
이봐요, 이봐요, 이봐요. 정말 아름다운 날이네요.

·······

안녕, 안녕, 안녕, 아름다운 일요일이에요.
오늘은 나의, 나의, 나의 아름다운 날이에요.
당신이 날 사랑한다고 말했을 때
이런, 이런, 이런, 아름다운 날이에요.

·······

새들은 노래하고 당신은 내 곁에 있네요.
우리 차를 타고 드라이브 가요.
이봐요, 이봐요, 이봐요, 아름다운 일요일이에요.

우린 드라이브 나가 태양을 쫓아갈 거예요.
일요일이 계속되게 만들 거예요.
이봐요, 이봐요, 이봐요, 아름다운 일요일이에요.

······· 2번 반복

① I think I'll take a walk in the park.

난 공원에서 산책이나 할까 생각했어요.

take a walk는 '산책을 하다, 산책 가다'로 go for a walk와 같은 뜻이며, 일상 생활에서 자주 쓰이는 표현입니다.

★ **Let's take a walk in the park.** 공원에서 산책이나 합시다.

② I've got someone waiting for me.

나를 기다리는 사람이 있어요.

이 문장에서 have got은 have만 써도 되는데 미국인들이 습관적으로 have got을 사용해서 굳어진 표현입니다. wait for는 '～를 기다리다'라는 의미입니다.

★ **Please wait for me here.** 여기서 날 좀 기다려줘요.

③ Oh my, it's a beautiful day.

이런, 아름다운 날이에요.

Oh my는 주로 여성이 쓰는 구어체로 놀람을 표현하는 감탄사이며 '어머나, 어머머, 저런'이라는 뜻입니다. 같은 표현으로 My!, My goodness!가 있습니다.

★ **What a beautiful day.** 참으로 아름다운 날이네요.

④ Let's take a car and go for a ride.

우리 차를 타고 드라이브 가요.

[Let's+동사원형]은 '～합시다, ～해요'라는 뜻으로 편안하게 제안할 때 사용하는 표현입니다. go for a ride는 go for a drive와 같은 표현이며 '드라이브 가다'입니다. 여기서 ride는 명사로 '타기, 태워주기, 승차'를 의미합니다.

★ **Will you go for a drive with me this evening?** 저랑 오늘 저녁 드라이브 갈래요?
　Do you need a ride? 차 태워줄까요?

앞에서 배운 핵심 문장이 실제 대화에서 어떻게 활용되는지 학습하세요.

A: Oh, it's a beautiful day today, isn't it?

오, 오늘 아름다운 날이네요. 그렇죠?

B: Yes, it is. **❶It's a perfect day for a picnic**.

네, 그래요. 소풍 가기 딱 좋은 날이에요.

A: What do you usually do **❷on Sundays**?

당신은 일요일에 주로 뭐하세요?

B: I go to church in the morning and go for a walk in the park.

오전에 교회에 가고 공원에 산책 갑니다.

A: I like to take a walk in the park on Sundays, too.

저도 일요일에 공원에서 산책하는 것 좋아해요.

B: Then **❸how about ❹taking a walk** with me today?

그러면 오늘 저랑 함께 산책 어때요?

표현 익히기

❶ [It's a perfect day for+명사/동명사]는 '~하기에 완벽한 날이다, 딱 좋은 날이다'입니다.

❷ on 뒤에는 '요일, 날짜, 특정한 날'이 오며, in 뒤에는 '년, 계절, 월'이 옵니다.

❸ [How about+명사/동명사]는 '~은 어때요?, ~하는 게 어떻습니까?'라는 뜻으로, 제안할 때 흔히 사용되는 표현입니다.

❹ take a walk는 '산책하다'라는 뜻으로 go for a walk와 동의어입니다.
   ★ **Shall we take a walk?** 우리 산책할까요?

Beautiful Sunday

Sunday morning, up **with the** lark
썬데이　모~닝　업　위더　라크

I **th**ink I'll **take a** wal**k in** the park.
아이씽크　아일　테이커　웍 킨　더　파크

Hey, hey, hey, it's a beau**t**iful day.
헤이　헤이　헤이　잇츠 어　뷰~리풀　데이

I've go**t** someone waiting **f**or me.
아브　갓　썸완　웨이팅　포 미

An**d** when I see he**r** I know that she'll say.
앤　웬　아이 씨　허　아이 노우　댓　쉬일 쎄이

Hey, hey, hey, it's a beau**t**iful day.
헤이　헤이　헤이　잇츠 어　뷰~리풀　데이

．．．．．．．

Hi, hi, hi, beau**t**iful Sunday.
하이 하이 하이　뷰~리풀　썬~데이

Thi**s is** my my my beau**t**iful day.
디씨즈　마이 마이 마이　뷰~리풀　데이

When you sai**d** sai**d** sai**d**
웬　유　쎈　쎈　쎈

Sai**d** that **you** love**d** me.
쎄　댓 추　러~브 미

Oh my, my, my, it's a beau**t**iful day.
오 마이　마이　마이　잇츠 어　뷰~리풀　데이

．．．．．．．

Bir**d**s are singing, you by my side.
벌즈　아　씽잉　유　바이 마이 싸읻

Let's ta**ke a** car and go **f**or a **r**ide.
레츠　테이커　카　앤　고　포 어 롸읻

Hey, hey, hey, it's a beau**t**iful day.
헤이　헤이　헤이　잇츠 어　뷰~리풀　데이

We'll **d**rive on an**d f**ollow the sun.
위일　드라이브 온　앤　팔로우　더　썬

Making Sunday go on an**d** on
메이킹　썬데이　고우 온 앤 온

Hey, hey, hey, it's a beau**t**iful day.
헤이　헤이　헤이　잇츠 어　뷰~리풀　데이

．．．．．．　Repeat (×2)

MUSIC STORY

아름다운 일요일 아침, 공원 산책길에서 반기며 인사해주는 그녀가 있습니다. 그녀와 사랑에 빠진 나는 일요일이 다할 때까지 그녀와 함께 드라이브를 떠나기로 합니다. 드라이브를 떠나는 길에 부르는 노래가 바로 이 노래입니다.

신나고 경쾌한 멜로디가 듣는 사람의 기분까지 행복하게 만들어주는 이 노래는 광고음악으로 많이 사용되었을 뿐만 아니라 라디오 음악방송에서도 자주 들을 수 있는 노래로, 한국인이 가장 좋아하는 팝송 중 하나입니다.

1942년 7월 31일 영국에서 태어난 데비 분(본명 Peter Green)은 1972년 싱글 앨범 〈Beautiful Sunday〉로 데뷔하여 Beautiful Sunday 한 곡으로 큰 흥행을 거둔 '원 히트 원더'(히트곡이 한 곡뿐인 가수)로 알려져 있습니다. 이 노래로 미국, 영국뿐만 아니라 한국을 비롯한 아시아에서도 큰 인기를 얻은 가수입니다.

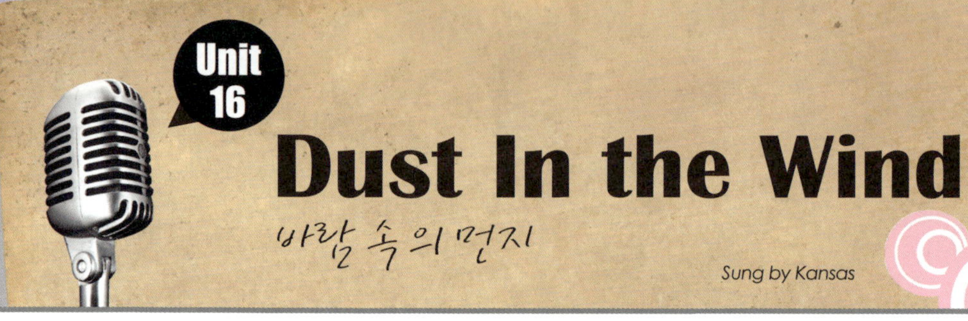

가사 익히기

노래를 들으며 가사를 차근차근 읽어보세요.

❶ I close my eyes only for a moment
And the moment's gone.
All my dreams
Pass before my eyes, a curiosity.

Dust in the wind
All they are is dust in the wind.

❷ Same old song
Just a drop of water in an endless sea.
All we do
Crumbles to the ground though we refuse to see.

Dust in the wind
All we are is dust in the wind, oh oh.

❸ Now don't hang on.
❹ Nothing lasts forever but the earth and sky.
It slips away.
❺ All your money won't another minute buy.

Dust in the wind.
All we are is dust in the wind.
Dust in the wind.
Everything is dust in the wind.

한글 해석

한글 가사를 읽으며 내용을 더 정확하게 이해하세요.

잠깐 눈을 감으면
그 순간이 금방 사라져 버려요.
나의 모든 꿈이
내 눈앞을 스쳐 지나가네요, 호기심일 뿐.

바람 속의 먼지
그 모든 것들이 바람에 먼지 같아요.

흔해 빠진 얘기지만
우리의 존재는 창해일속 같은 거예요.
비록 부정하겠지만
우리는 모두 대지 위에 부서져 사라지는 거예요.

바람 속의 먼지
우리 모두는 바람에 날리는 먼지예요, 오 오.

이제 집착하지 마세요.
땅과 하늘 이외에 영원히 존재하는 것은 아무것도 없어요.
모두 사라져 버려요.
당신의 모든 돈으로 한순간조차 살 수 없잖아요.

바람 속의 먼지
우리는 모두 바람 속의 먼지 같은 존재.
바람 속의 먼지
모든 것은 바람에 날리는 먼지 같아요.

1 I close my eyes only for a moment.

난 잠시 동안 눈을 감아봅니다.

for a moment는 '잠시 동안'이라는 뜻이며, 같은 표현으로 for a second, for a minute 등이
있습니다.

★ **Please close your eyes for a moment.** 잠시 눈을 감으세요.

2 Same old song, just a drop of water in an endless sea.

흔해 빠진 얘기지만, 우리의 존재는 창해일속 같은 거예요.

same old song은 직역하면 '똑같은 옛 노래'지만 여기서는 '늘 하는 얘기, 넋두리, 똑같은 소
리'라는 뜻으로 사용되었습니다. just a drop of water in an endless sea는 문장 맨 앞에 We
are가 생략됐다고 볼 수 있으며, '우리는 드넓은 바다에 한 방울의 물방울처럼 보잘 것 없는
존재'라는 의미입니다. 사자성어로 '창해일속'이라고 표현할 수 있습니다.

3 Now don't hang on.

이제 집착하지 말아요.

이 말은 돈이나 사랑, 명예 등 어떤 것에도 집착하지 말라는 뜻입니다. 여기서 hang on은
'~에 매달리다, ~을 꽉 잡다, 버티다, 참다'라는 뜻입니다.

★ **Hang on to the end.** 끝까지 버텨.

4 Nothing lasts forever but the earth and sky.

땅과 하늘 이외에 영원히 존재하는 것은 아무것도 없어요.

여기서 last는 동사로 continue와 같은 의미인 '지속[존속]하다'라는 뜻이며, 형용사로 쓰이
면 '지난, 마지막'이라는 뜻입니다. but은 전치사로 '~이외에, ~을 제외하고'라는 의미로 쓰
였습니다.

★ **How long will this cold weather last?** 이 추운 날씨는 얼마나 갈까요?

5 All your money won't another minute buy.

당신의 모든 돈으로 한순간조차 살 수 없어요.

이 문장은 원래 All your money won't buy another minute.인데, another minute은 '짧은
순간'을 뜻하며 아무리 돈이 많아도 시간은 살 수 없다는 뜻으로 시간의 소중함을 말하고 있
습니다.

A: These days many young people think ❶**money talks**.
요즘 많은 젊은이들이 돈이면 만사가 다 된다고 생각해.

B: Yes, you are right. Don't you think money is important?
그래, 네 말이 맞아. 너는 돈이 중요하다고 생각하지 않니?

A: Of course, it's very important, but money isn't everything.
물론, 아주 중요하지. 하지만 돈이 전부는 아니야.

B: Well, I have a ❷**different** opinion from you.
글쎄, 난 너와 다른 의견이야.

We can do almost everything with money.
우리는 돈으로 거의 모든 것을 할 수 있어.

A: You can say that, but all your money won't buy another minute.
그렇다고 할 수 있지. 하지만 돈으로 한순간도 살 수 없잖아.

B: ❸**You have a point there**. Money can't buy happiness.
그 점에선 네 주장도 타당하다. 돈으로 행복은 살 수 없지.

표현 익히기

❶ 직역하면 '돈이 말한다'로, Money is everything.과 같은 의미입니다. 즉, 돈으로 모든 것을 해결할 수 있다는 말입니다.

❷ different는 형용사로 '다른'이라는 뜻이며, 반의어는 same '같은'입니다.
★ **I have the same opinion as you.** 너와 같은 의견이야.

❸ You have a point there.는 '네가 하는 말에 요점이 있다.'는 뜻으로, 어떤 점에선 상대방의 주장도 타당하다는 말입니다.
★ **That's a good point.** 그것 좋은 지적이다.

Dust In the Wind

I close my eyes only **for a** momen**t**
아이 클로즈 마이 아이즈 온니　포 러　모먼트

And the moment's gone.
앤　더　모먼츠　고온

All my dreams pass be**f**ore my eye**s, a** curiosi**t**y.
올~ 마이　드림즈　패스　비포　마이　아이 저　큐리아쎠리

Dust in the win**d**. All they are is dus**t** in the win**d**.
더스트 인 더　윈드　올　데이　아 이즈 더스트 인 더　윈~드

Same ol**d** song. Jus**t** a drop o**f** water in an endless sea.
쎄~임 올드　쏭　저슷 어 드랍 오브　워러　인 언　앤드릴스 씨

All we do
올~ 위　두

Crumbles to the groun**d th**ough we re**f**use to see.
크럼블스　투 더　그라운　도우　위　리퓨즈 투 씨

Dus**t** in the win**d**. All we are is dus**t** in the wind, Oh Oh
더스트 인 더 윈~드　올 위　아 이즈 더스트 인 더　위~인, 어~ 아

Now don'**t** hang on.
나우　돈~　행 온

No**th**ing lasts **forever** but the ear**th** an**d** sky.
낫씽　래스츠　포에버　밧 디　얼쓰　앤 스까이

It slip**s a**way. All your money won'**t** another minu**te** buy.
잇　슬립 써 웨이　올　유어　머니　원　어 나더　미닛　바~이

Dus**t** in the win**d**. All we are is dus**t** in the win**d**.
더스트 인 더　윈~　올 위　아이즈 더스트 인 더　윈~

Dus**t** in the win**d**. E**v**ery**th**ing is dus**t** in the win**d**.
더스트 인 더　윈드　에브리씽　이즈 더스트 인 더　윈~

MUSIC STORY

노래 이야기

이 노래는 미국 출신의 록밴드 캔사스의 노래로 1977년에 발표되어 큰 성공을 거둔 곡입니다. 1978년 4월 빌보드 싱글 차트 6위를 기록했고, 35년이 지난 지금까지도 많은 사람에게 사랑받고 있습니다.

느린 멜로디와 철학적인 가사는 캔사스의 다른 히트곡들과는 사뭇 다르며, 캔사스 특유의 화려하면서도 고전적인 분위기의 현악 반주가 돋보이는 곡입니다. 가사 후반부에서는 피할 수 없는 인간의 죽음에 대해 묵상을 하게 만들며, 돈이 아닌 시간의 중요성을 강조하는 메시지가 들어있습니다. 우리의 존재와 모든 것이 바람 속의 먼지와 같다고 말하며 인생무상, 인생의 허무함을 표현한 노래입니다.

가수 이야기

캔사스는 미국 캔사스주의 토패카 출신입니다. 1971년 고교 동창들로 구성된 미국의 전통적인 프로그레시브록 밴드입니다. 1975년 데뷔 앨범 〈Kansas〉와 〈Song For America〉, 〈Masgue〉를 발표하지만, 대중들에게 이름을 알리는 데 그칩니다. 그러나 1977년에 발표한 4번째 앨범 〈Leftoverture〉가 200만 장 이상의 판매를 기록했고, 큰 인기를 얻었습니다. 이 앨범의 수록곡 Carry On Wayward Son이 팝 차트 10위에 들어 실력을 인정받습니다.

여러 악기를 이용해 환상적인 사운드를 표현해 내지만, 악기보다 목소리를 더욱 중요시하는 스타일이 이들의 장점이라고 합니다. 1978년 앨범 〈Point Of Know Return〉을 발표했는데, 이 앨범 또한 200만 장 이상 판매되었으며, 한국에서 많이 애창되고 있는 Dust In The Wind는 미국 싱글 차트 10위에 올랐습니다.

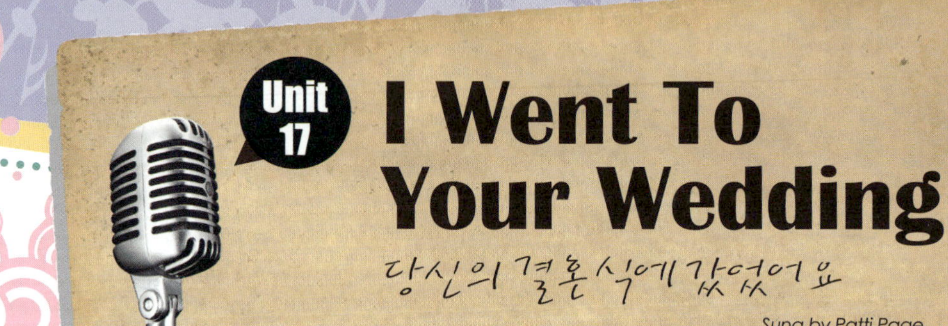

가사 익히기

노래를 들으며 가사를 차근차근 읽어보세요.

I went to your wedding
Although I was dreading
The thought of losing you.
❶ The organ was playing.
My poor heart kept saying
❷ 'Your dreams, your dreams are through.'

....

❸ You came down the aisle,
Wearing a smile.
A vision of loveliness.
I uttered a sigh
And then whispered goodbye
❹ Goodbye to my happiness.

Your mother was crying.
Your father was crying.
And I was crying, too.
The teardrops were falling
Because we were losing you.

....

······· Repeat

한글 해석

한글 가사를 읽으며 내용을 더 정확하게 이해하세요.

당신의 결혼식에 갔었어요.
비록 난 두려웠지만
당신을 잃는다는 생각에
오르간이 연주되고 있었어요.
내 가엾은 마음은 계속 이렇게 중얼거렸죠.
'너의 꿈은, 너의 꿈은 끝난 거야.'

....

당신이 복도를 걸어 내려왔어요.
얼굴엔 미소를 지으며
정말 사랑스러운 모습이었죠.
난 한숨을 내쉬면서
혼잣말로 안녕이라 속삭였죠.
나의 행복이여, 안녕.

당신의 어머니가 울고 있었어요.
당신의 아버지도 울고 있었어요.
그리고 나 또한 울었지요.
눈물방울이 하염없이 떨어졌어요.
당신을 잃는다는 생각 때문에요.
....

.... 반복

핵심 문장 학습하기

실제 회화에서 활용되는 핵심 문장을 더 깊이 학습하세요.

1. The organ was playing.

오르간이 연주되고 있었어요.

'악기를 연주하다'는 play를 쓰고, 악기 이름 앞에 정관사 the를 씁니다.

★ **My mother was playing the guitar when I came back home.**
내가 집에 돌아왔을 때 엄마가 기타를 연주하고 있었어요.

Can you play the piano? 너 피아노 칠 수 있니?

2. Your dreams, your dreams are through.

너의 꿈은, 너의 꿈은 끝난 거야.

be through with는 '(일, 관계 등이) 끝나다'라는 뜻입니다.

★ **I am through with Jane.** 난 제인과 헤어졌어.

Are you through with the work? 일 끝났어요?

3. You came down the aisle, wearing a smile.

당신은 미소를 지으며 복도를 걸어 내려왔어요.

wearing a smile은 '미소를 띠고, 미소를 짓고'라는 뜻입니다. 몸에 걸치고 입는 모든 것에 wear '입다, 쓰다, 신다, 메다'를 사용합니다. smile '미소'와 perfume '향수'에도 동사 wear를 사용합니다.

★ **Are you wearing perfume?** 당신 향수 뿌리셨어요?

4. Goodbye to my happiness.

나의 행복이여, 안녕.

이 말은 그녀가 떠남으로 인해 나의 행복은 끝났음을 의미합니다.

★ **It's time to say goodby now.** 이제 헤어질 시간이네요.

Please say goodbye to him. 그에게 작별인사를 전해줘요.

A: What was your dream when you were a child?
어릴 때 꿈이 뭐였나요?

B: My dream was to become ❶**the president** of my country.
제 꿈은 대통령이 되는 것이었어요.

A: Oh, you had a big dream. Did your dream ❷**come true**?
오, 당신은 큰 꿈이 있었군요. 당신 꿈은 실현됐나요?

B: Well, I've been trying hard, but now I'm the president of a company.
글쎄요, 열심히 노력했어요, 하지만 지금 저는 한 회사의 사장이 되었어요.

A: Good for you! ❸**Anyway** you are the president now.
잘됐네요! 어쨌든 당신은 지금 president(대표)잖아요.

B: Yes, you're right. I'll just ❹ **do my best** to make a good company.
네, 맞습니다. 저는 좋은 회사를 만들기 위해 최선을 다할 겁니다.

표현
익히기

❶ president는 한 나라의 '대통령'이라는 의미 외에도 '(회사나 기관의) 대표, 사장 ,의장, 회장' 등으로 사용됩니다.

❷ come true는 '실현되다, 사실이 되다'이며 realize와 동의어입니다.
★ **Your dreams will come true.** 당신의 꿈은 실현될 거예요.

❸ anyway는 '어쨌든, 아무튼'이라는 의미이며 at any rate와 동의어입니다.

❹ do one's best는 '최선을 다하다'라는 표현입니다.
★ **Do your best!** 최선을 다해!

I Went To Your Wedding

I **went to** your wedding al**th**ough I was dreading
아이 웬 투 유어 　 웨딩 　 올도~우 아이 워즈 드레~딩

The **though**t **of** losing you.
더 　 쏘오트 　 오브 루~징 유

The organ was playing. My poo**r** hea**rt** kep**t** saying
디 오르~갠 워즈 플레잉 마이 포~어 하트 켑 쎄잉

'Your d**r**eams, your d**r**eams are **th**rough.'
유어 　 드림즈 　 유어 　 드림즈 아 쓰루우

········

You came down **th**e aisle, wea**r**ing a smile.
유 케임 다운 디 아~일 　 웨어링 어 스마일

A **v**ision o**f** loveliness.
어 비전 오브 러블리~니스

I u**ttered a** sigh an**d** then whispe**red** goodbye
아이 어럴 더 싸이 앤 댄 　 위스펄드 굿바이

Goodbye to my happiness
굿바이 투 마이 해~피니스

Your mo**ther** was crying. Your **father** was c**r**ying.
유어 마~덜 워즈 크라잉 유어 파~덜 워즈 크라잉

An**d** I was c**r**ying, too. The tea**rd**rops we**re f**alling
앤 아 워즈 크라~잉 투 더 티어드랍스 워 폴링

Because we we**re** losing you.
비코오즈 위 워 루~징 유~

········

········ Repeat

MUSIC STORY

노래 이야기

이 노래는 사랑하는 여인이 결혼한다는 소식을 듣고 결혼식에 들어가는 장면에서 시작됩니다. 그녀를 잃는다는 두려운 마음을 간직한 채 결혼식장에 들어가니 이미 오르간이 연주되고 있습니다. 그녀가 교회당 복도를 미소 지으며 걸어오는 아름다운 모습을 보며 남자는 굿바이라고 중얼거립니다.

사랑하는 여인을 잃은 한 남자의 상실감과 슬픔을 잘 묘사한 곡으로, 노래를 듣고 있노라면 한 편의 뮤직비디오를 보고 있는 듯합니다.

가수 이야기

패티 페이지(본명 Clara Ann Fowler)는 1927년 미국 오클라호마주 털사에서 태어났습니다. 어느 날 그녀가 출연한 라디오 방송국의 악단장 Jack Real이 그녀의 목소리를 듣고 악단에 가입시켰고, 그들은 1945년 시카고에 진출해 점차 주목을 받게 됩니다.

'20세기 팝의 여왕' 패티 페이지가 1950년에 부른 '테네시 왈츠'는 빌보드차트의 팝-컨츄리-R&B 3개 부문 동시 1위라는 진기록을 달성했으며, 1천만 장 이상의 앨범이 판매될 정도로 큰 사랑을 받았습니다.

그녀는 지금까지 꾸준히 자신의 공연을 열며 아름다운 음악을 들려주고 있습니다.

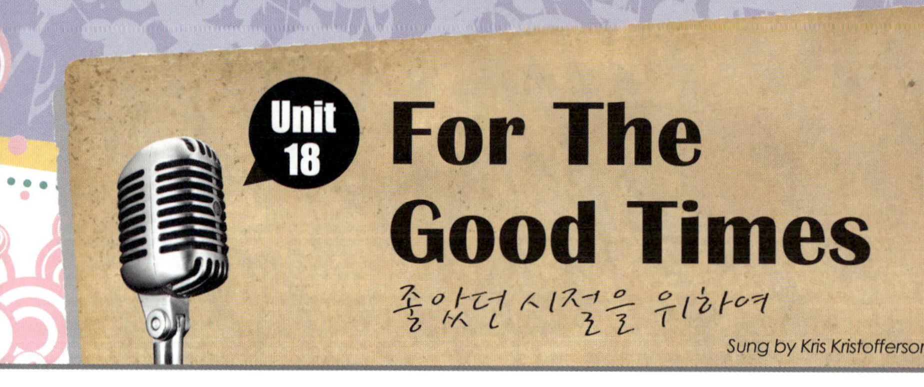

노래를 들으며 가사를 차근차근 읽어보세요.

Don't look so sad.
1 I know it's over.
2 But life goes on
And this old world will keep on turning.
3 Let's just be glad,
We had some time to spend together.
4 There's no need to watch the bridges
That were burning.

......

Lay your head upon my pillow.
Hold your warm and tender body close to mine.
Hear the whisper of the raindrops
Blowing soft against the window
And make believe you love me
One more time.
For the good times.

......

⑤ **I'll get along.**
You'll find another.
And I'll be here
If you should find you ever need me.
Don't say a word
About tomorrow or forever.
There'll be time enough for sadness
When you leave me.

······ Repeat

한글 해석

한글 가사를 읽으며 내용을 더 정확하게 이해하세요.

너무 슬픔을 보이지 마세요.
모든 것이 끝났음을 알아요.
그러나 삶은 계속되고
이 오래된 세상도 계속 돌아가겠죠.
우리 그냥 기뻐하기로 해요.
우리가 함께 보냈던 시간이 있잖아요.
불타고 있는 다리를 바라본들 무슨 소용 있겠어요.

······

머리를 내 베개에 기대 봐요.
그대의 따뜻하고 부드러운 몸을 내게 가까이 해봐요.
창문에 부드럽게 부딪치는
빗방울의 속삭임을 들어보세요.

그러면 그대가 나를 사랑하고 있음을
한 번 더 믿을 거예요.
좋은 시절을 위하여

······

난 그럭저럭 지내겠지만
그대는 누군가를 만나겠죠.
그대가 언젠가 날 필요로 한다면 여기 남을게요.
내일이나 영원에 대해 말하지 마세요.
그대 나를 떠나면
슬퍼할 시간은 충분하니까요.

······ 반복

핵심 문장 학습하기

1 I know it's over.

난 그것이 끝났다는 것을 알아요.

be over는 '끝나다, 관계가 끝나다, 헤어지다'라는 뜻입니다.

★ **School is over.** 학교 수업이 끝났다.
 Time is over. 시간 지났다.

2 But life goes on.

그러나 삶은 계속되지요.

go on은 '~이 계속 진행되다'라는 뜻으로 continue와 동의어입니다.

★ **My heart will go on.** 내 마음은 계속될 거예요.
 What's going on? 무슨 일이에요?

3 Let's just be glad.

우리 그냥 기뻐하기로 해요.

[Let's+동사원형]은 '~합시다, ~해요'를 의미하며 상대방에게 무엇인가를 권할 때 사용하는 표현입니다.

★ **Let's just enjoy ourselves.** 우리 그냥 즐깁시다.

4 There's no need to watch the bridges that were burning.

불타고 있는 다리를 지켜보는 것은 소용없어요.

이미 끝나버린 것에 대해 후회해도 소용없다는 말을 불타고 있는 다리에 비유해 표현한 문장입니다.

★ **It is no use crying over spilt milk.** 이미 엎질러진 우유에 울어도 소용없다.

5 I'll get along.

난 그럭저럭 지낼 거예요.

get along은 '살아가다, 해나가다'라는 의미로, 이 문장은 '그럭저럭 지내고 있다' 정도로 해석할 수 있습니다.

★ **How are you getting along these days?** 요즘 어떻게 지내요?

A: It's time to go home now. **❶ Let's call it a day**.

이제 집에 갈 시간이에요. 퇴근합시다.

B: What time is it now?

지금 몇 시예요?

A: It's six-thirty five. **❷ Time is over**.

6시 35분이에요. 시간이 지났어요.

B: Already? **❸ How time flies**! I just **❹ lost track of** the time working.

벌써? 시간 참 잘 가네요! 일하느라 시간가는 줄 몰랐네요.

A: I guess you are a workaholic. You need to slow down.

당신은 일 중독자인 것 같아요. 좀 천천히 하세요.

B: You think so? Yeah, you're right.

그렇게 생각하세요? 예, 당신 말이 맞아요.

표현 익히기

❶ 직장이나 학교에서 끝날 시간이 됐을 때 사용하는 표현입니다. 직역하면 '그것을 하루라고 부르자'이며 하루 일과를 마치자는 말입니다.

★ **Let's wrap it up for the day.** 그만 하루를 정리합시다.

★ **Let's get off work.** 퇴근합시다.

❷ be over는 '～이 끝나다'라는 뜻입니다.

★ **School is over.** 학교 수업 끝났다.

★ **Time is up.** 시간이 됐네요.

❸ 시간이 빨리 갈 때 사용하는 감탄문입니다.

★ **Time is flying.** 시간 빨리 간다.

★ **Time flies like an arrow.** 세월이 화살처럼 날아가는 듯하다.

❹ lose track of는 '～을 놓치다, ～와 접촉이 끊어지다'라는 뜻입니다.

For The Good Times

Don't look so sad.
돈 룩 쏘 쌛

I know it's over.
아이 노우 잇츠 오버

But life goes on
밧 라잎 고오즈 온

And this old world will keep on turning.
앤 디스 올드 월~드 윌 키 폰 터얼닝

Let's just be glad.
렛츠 져슷 비 글랫~

We had some time to spend together.
위 핻 썸 타임 투 스팬~ 투게~덜

There's no need to watch the bridges
데얼즈 노 닛 투 와치 더 브릿지스

That were burning.
댓 워 버얼닝

⋯⋯⋯

Lay your head upon my pillow.
레이 유어 핻 어폰 마이 필로우

Hold your warm and tender body
홀드 유어 워~엄 앤 텐덜 바디

close to mine.
클로즈 투 마~인

Hear the whisper of the raindrops
히어 더 위스펄 오브 더 레인드랍스

Blowing soft against the window
블로잉 소프트 어겐스트 더 윈도우

And make believe you love me
앤 메잌 빌립 유 럽 미

One more time.
원 모어 타임

For the good time.
훠 더 굿 타임

⋯⋯⋯

I'll get along. You'll find another.
아일 개 러 롱~ 유일 파인드 언아덜

And I'll be here
앤 아일 비 히어

If you should find you ever need me.
이 퓨 슏 파인드 유 에버 닛 미

Don't say a word
돈 쎄이어 워~드

About tomorrow or forever.
어바웃 투머로우 오얼 포에버

There'll be time enough for sadness
데어 윌 비 타~임 이너프 훠 쌔드니스

When you leave me.
웬 유 리브 미

⋯⋯⋯ Repeat

MUSIC STORY

사랑하는 사람과 이별을 해도 삶은 계속되고, 뒤늦은 후회가 남아도 상황은 바뀌지 않습니다. 그러니 함께 보냈던 시간을 그리며 슬퍼하는 것보다는 앞을 보며 기쁘게 살아가는 것이 이별을 극복하는 한 방법입니다. 이 노래의 가사 또한 그러하지만, 한편으론 혹시 먼 훗날 연인이 다시 돌아올까 봐 혼자 남아 기다리겠다고 노래하고 있습니다.

1936년 6월 텍사스주 브론스 마을에서 태어난 크리스 크리스토퍼슨은 영향력 있는 작곡 활동을 통해 컨트리 음악의 호소력을 강화시켰고, 새로운 세대 컨트리 작곡가들을 위한 길을 열어 주었습니다. 그는 1969년 6월 앨범 〈Kristofferson〉으로 데뷔했고, 1976년에는 영화 〈스타 탄생〉에서 바브라 스트라이샌드의 상대역으로 출연해 골든 글로브 남우주연상을 받기도 했습니다. 1960년대 후반에 등장하여 작곡과 노래 뿐만 아니라 연기자로서의 능력까지 발휘했던 그는 성공적인 아티스트로 자리매김했습니다.

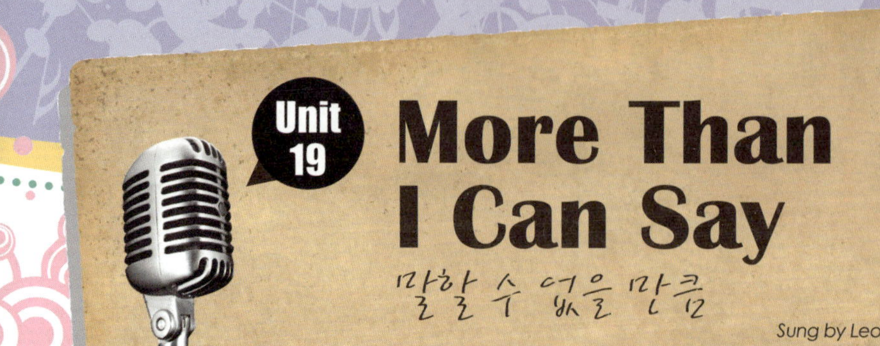

가사 익히기

노래를 들으며 가사를 차근차근 읽어보세요.

Ooh ooh yeah yeah
❶ I love you more than I can say.
❷ I'll love you twice as much tomorrow.
Oh, oh love you more than I can say.

Ooh ooh yeah yeah
I'll miss you every single day.
❸ Why must my life be filled with sorrow?
Oh oh love you more than I can say.

....

Oh, don't you know I need you so?
❹ Oh, tell me please, I've got to know.
❺ Do you mean to make me cry?
Am I just another guy?

....

Ooh ooh yeah yeah
I miss you more than I can say.
Why must my life be filled with sorrow?
Oh, oh, Iz love you more than I can say.

.... Repeat

Ooh ooh yeah yeah
I love you more than I can say.
I'll love you twice as much tomorrow.
Oh, oh love you more than I can say.
I love you more than I can say.
I love you more than I can say.

한글 해석

한글 가사를 읽으며 내용을 더 정확하게 이해하세요.

워 워 예 예
나 그대를 말로 다할 수 없을 만큼 사랑해요.
나 그대를 내일은 두 배로 사랑할 거예요.
나 그대를 말로 다할 수 없을 만큼 사랑해요.

워 워 예 예
나 그대를 매일같이 그리워할 거예요.
왜 내 인생은 슬픔만 가득한 거죠?
나 그대를 말로 다할 수 없을 만큼 사랑해요.

....

내가 그대를 간절히 필요로 하는 것을 모르시나요?
오, 제발 말해줘요. 난 알아야 해요.

그대 날 울리려는 거예요?
내가 단지 또 다른 남자일 뿐인가요?

....

워 워 예 예
그대가 말할 수 없을 만큼 그리워요.
왜 내 인생은 슬픔으로 가득한 거죠?
나 그대를 말할 수 없을 만큼 사랑해요.

.... 반복

워 워 예 예
나 그대를 말로 다할 수 없을 만큼 사랑해요.
나 그대를 내일은 두 배로 사랑할 거예요.
나 그대를 말로 다할 수 없을 만큼 사랑해요.

① I love you more than I can say.

나 그대를 말로 할 수 없을 만큼 사랑해요.

more than I can say는 '말로 표현할 수 있는 것 이상으로'이므로 '무척, 대단히, 아주 많이'라는 뜻으로 해석할 수 있습니다.

★ **I love you very much.** 당신을 무척 사랑합니다.

② I'll love you twice as much tomorrow.

나 그대를 내일은 두 배로 사랑할 거예요.

twice as much/many는 '두 배의, 두 배만큼'이라는 뜻입니다.

③ Why must my life be filled with sorrow?

왜 내 인생은 슬픔으로 가득 차 있어야 하죠?

be filled with는 '~로 가득 차 있다'라는 뜻이며, sorrow는 sadness와 같은 의미입니다.

★ **My life is filled with sorrow.** 내 인생은 슬픔으로 가득 차 있어요.

④ Oh, tell me please, I've got to know.

오, 제발 말해줘요, 난 알아야 해요.

[have got to+동사원형]은 '~해야만 한다'이며 have to, must와 같은 의미입니다. 미국에서 사용하는 구어체로 gotta가 있습니다.

★ **I've got to leave now.** 이제 가봐야겠어요.

⑤ Do you mean to make me cry?

그대 나를 울리려고 그래요?

이 문장은 '나에게 사랑한다는 말을 하지 않으면 난 울고 말 것이다'라는 의미입니다. make me cry에서 make는 사역동사로 '~하게 만들다'라는 뜻입니다. [make(let, have, help 등)+목적어+동사원형]의 형태로 사용됩니다.

★ **You make me smile.** 너는 나를 미소 짓게 만들어.

앞에서 배운 핵심 문장이 실제 대화에서 어떻게 활용되는지 학습하세요.

A: You look ❶ **depressed** today. What's the matter?

너 오늘 우울해 보여. 무슨 일이야?

B: I ❷ **broke up with my boyfriend** last night. ❸ **My heart is broken**.

어젯밤 남자친구랑 헤어졌어. 마음이 아파.

A: I am sorry to hear that. What happened? You loved him.

안됐구나. 무슨 일 있었니? 너 그 사람을 사랑했잖아.

B: You're right. But he said he'd ❹ **fallen in love with another girl**.

맞아. 하지만 그 사람이 다른 여자와 사랑에 빠졌다고 말했어.

A: Oh, I can't believe it.

오, 믿을 수가 없어.

B: The problem is that I still love him ❺ **more than I can say**.

문제는 내가 아직도 그 사람을 말할 수 없을 만큼 사랑하고 있다는 거야.

표현 익히기

❶ depressed는 '우울한'을 의미하는 형용사이며, 명사형은 depression '우울(증)'입니다.

❷ [break up with+사람]은 '～와 헤어지다'라는 의미입니다.

❸ 직역하면 '내 가슴이 깨졌다'이지만 '상심했다, 마음이 아프다'라는 의미입니다.
 ★ **My heart hurts.** 마음이 아파요.

❹ [fall in love with+사람]은 '～와 사랑에 빠지다'라는 뜻입니다.

❺ 같은 뜻으로 more than I can bear '참을 수 없을 만큼'도 사용됩니다.

실제 소리 나는 대로 적힌 한글 발음을 보며 여러 번 따라 불러보세요.

More Than I Can Say

Ooh ooh yeah yeah,
워우 워우 예~ 예~

I love **you** more than I can say.
아일 러 뷰 모어 댄 아이 캔 쎄이

I'll love **you** twice as much tomorrow.
아일 러 뷰 투와이 쎄즈 머치 투 머로우~

Oh, oh love **you** more than I can say.
오 오 러 뷰 모어 댄 아이 캔 쎄이

Ooh ooh yeah yeah,
워우 워우 예~ 예~

I'll miss **you** every single day.
아일 미 쓔 에브리 씽글 데이

Why must my life be filled with sorrow?
와이 머슷 마이 라잎 비 필드 윗 싸로우~

Oh oh love **you** more than I can say.
오 오 러 뷰 모어 댄 아이 캔 쎄이

....

Oh don't **you** know I need **you** so?
오 돈 츄 노우 아이 니 쥬 쏘우?

Oh tell me please, I've **got to** know.
오 텔 미 플리즈 아이브 가라 노우

Do you mean to make me cry?
두 유 민 투 메잌 미 크라이

Am I just another guy?
엠 아이 져스터 나덜 가이

....

Ooh ooh yeah yeah,
워우 워우 예~ 예~

I miss **you** more than I can say.
아이 미 쓔 모어 댄 아이 캔 쎄이

Why must my life be filled with sorrow?
와이 머슷 마이 라잎 비 필드 윗 싸로우~

Oh oh I love **you** more than I can say.
오~ 오 아일 러 뷰 모어 댄 아이 캔 쎄이

.... Repeat

Ooh ooh yeah yeah,
워우 워우 예~ 예~

I love **you** more than I can say.
아일 러 뷰 모어 댄 아이 캔 쎄이

I'll love **you** twice as much tomorrow.
아일 러 뷰 투와이 쎄즈 머치 투 머로우~

Oh, oh love **you** more than I can say.
오 오 러 뷰 모어 댄 아이 캔 쎄이

I love **you** more than I can say.
아일 러 뷰 모어 댄 아이 캔 쎄이

I love **you** more than I can say.
아일 러 뷰 모어 댄 아이 캔 쎄이

이 노래는 말로 표현할 수 없을 만큼 깊은 사랑을 고백하는 노래입니다. 사랑하는 여자가 내 마음을 몰라주니 인생이 슬픔으로 가득하고, 나를 그저 또 다른 남자친구로만 여긴다면 울어버릴 거라는 내용입니다. 신나는 댄스 멜로디임에 반해 슬픈 내용의 가사로 이루어져 있어 슬픔이 더욱 극대화되는 노래입니다.

1948년 영국에서 태어난 리오 세이어는 싱어송라이터, 뮤지션, 코메디언으로 활동한 다재다능한 재주꾼이었습니다. 런던의 **Terraplane Blues Band**에서 음악활동을 시작했고 본명은 **Gerard Sayer**입니다.

1970년대 중반 미국에 진출하여 좋은 반응을 얻어 스타 대열에 합류했습니다. 세련된 팝음악으로 당대 디스코계의 상징이 되었으며 큰 인기를 누렸습니다. 1978년에는 제20회 그래미 시상식에서 최우수 R&B상을 받았고, 1980년에 60년대 발라드싱어 바비 비가 불러 히트시켰던 More than I can say를 리메이크해서 불러 좋은 반응을 얻었습니다. 한국인이 좋아하는 그의 대표곡으로는 When I need you와 More than I can say가 있습니다.

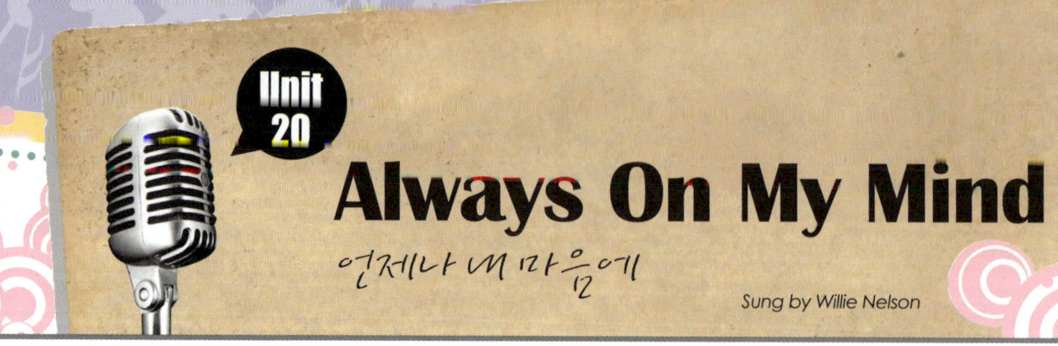

가사 익히기

노래를 들으며 가사를 차근차근 읽어보세요.

Maybe I didn't love you
Quite as often as I could have.
❶ Maybe I didn't treat you
Quite as good as I should have.

If I made you feel second best,
❷ Girl, I'm so sorry I was blind.
You were always on my mind.
You were always on my mind.

Maybe I didn't hold you
All those lonely, lonely times.
And I guess I never told you
❸ I'm so happy that you're mine.

Little things I should have said and done.
④ **I just never took the time.**
You were always on my mind.
You were always on my mind.

Tell me. Tell me
That your sweet love hasn't died.
Give me. ⑤ **Give me**
One more chance to keep you satisfied,
I'll keep you satisfied.

······· Repeat

한글 해석

한글 가사를 읽으며 내용을 더 정확하게 이해하세요.

어쩌면 당신을 자주 사랑해주지 못한 것 같소,
내가 할 수 있었던 만큼.
어쩌면 당신을 잘 대해주지 못한 것 같소,
내가 마땅히 해야 한 만큼.

내가 만일 당신이 두 번째라는 느낌이 들게 했다면
그대여, 정말 미안하오, 내가 눈이 멀었소.
언제나 내 마음속에 당신뿐이었소.
언제나 내 마음속에 당신뿐이었소.

어쩌면 당신을 안아주지도 못했군요.
그토록 외롭고 외로웠을 때.
어쩌면 당신에게 이런 말을 한 적도 없군요.
당신이 있어 너무 행복하다고.

작은 말 한마디, 사소한 행동에도 신경 써야 했었는데
내가 결코 시간을 내지 못했소.
언제나 내 마음속에 당신뿐이었소.
언제나 내 마음속에 당신뿐이었소.

말해주오, 말해주오,
당신의 달콤한 사랑이 사라지지 않았다고.
기회를 주오, 한 번만 더 기회를 주오.
당신을 행복하게 해줄 기회를 주오.
당신을 만족하게 해주겠소.

······· 반복

① Maybe I didn't treat you quite as good as I should have.

어쩌면 내가 당신에게 마땅히 해야 한 만큼 잘 대해주지 못했군요.

[as+형용사/부사+as]는 '~만큼 ~한'이므로 as good as는 '~만큼 잘'로 해석됩니다.
[should have+p.p]는 '~했어야만 했는데'로, 과거 사실에 대한 후회나 비난을 말할 때 사
용됩니다. 즉, 이 문장은 상대방에게 잘 대해줬어야 했는데 그렇게 하지 못해서 후회한
다는 말입니다.

② Girl, I'm so sorry I was blind.

그대여, 미안해요, 내가 눈이 멀었었나 봐요.

be blind to는 '~을 깨닫지 못하다, 못보다'라는 의미이므로 I was blind. '내가 눈이 멀
었었다.'는 '내가 너무 몰랐었다.'라는 말입니다.

★ **Love is blind.** 사랑을 하면 눈이 먼다.

③ I'm so happy that you're mine.

당신이 내 사랑이라서 너무 행복해요.

이 문장에서 mine은 '나의 것'이라는 뜻의 소유대명사로 여기서는 my love '내 사랑'을 의미
합니다.

★ **I'm so happy that you're my friend.** 네가 내 친구라 너무 행복하다.

④ I just never took the time.

내가 결코 시간을 내지 못했어요.

take는 여러 가지 뜻이 있지만 여기서는 '시간을 내다'라는 뜻입니다.

★ **I was too busy to take the time.** 너무 바빠서 시간을 못 냈어요.
   Please take your time. 천천히 하세요.

⑤ Give me one more chance to keep you satisfied.

당신을 만족하게 해줄 수 있는 기회를 한 번 더 주세요.

[give+사람+a chance to+동사원형]은 '~할 기회를 주다'라는 의미이고 keep you satisfied는
'당신을 만족하게 해주다', 즉 행복하게 해준다는 뜻입니다.

★ **I will keep you satisfied.** 당신을 만족하게 해줄게요.

A: You were speeding, sir.

속도위반 하셨어요, 선생님.

B: What's the ❶**speed** limit here?

여기 제한속도가 어떻게 됩니까?

A: It's 70 miles per hour. You were speeding at 82.

시간당 70마일입니다. 선생님은 82마일로 속도를 냈습니다.

B: Oh, I'm sorry I didn't know that. ❷**Please give me a chance**.

아, 죄송합니다. 몰랐어요. 한 번만 봐주세요.

A: OK, but ❸**you've got to slow down** and drive carefully!

좋아요, 하지만 속도를 줄이고 운전 조심해야 합니다!

B: Yes, I will. Thank you very much. Have a good day, officer.

네, 그러겠습니다. 대단히 감사합니다. 좋은 하루 되세요, 경찰관님.

표현 익히기

❶ speed는 명사로 '속도'이지만, 동사로 쓰일 때는 '속도를 위반하다, 속도를 내다'라는 의미입니다.

★ **You're speeding.** 너 속도 위반하고 있잖아.

❷ 여기서 한 번 더 기회를 달라는 말은 눈감아 달라는 의미입니다.

★ **Give me a break.** 한 번 봐줘요.

❸ [have got to+동사원형]은 [have to+동사원형]의 구어체로 '~해야만 한다'라는 뜻입니다. got to는 미국인들이 gotta로 줄여 [가라]로 발음하는 경우가 많습니다.

★ **You've got to slow down.** 속도를 줄이셔야 합니다.

Always On My Mind

Maybe I didn't love you quite as often as I could have.
메이비 아이 디든 러뷰 콰이 래즈 오픈 애즈아이 쿠 대 브

Maybe I didn't treat you quite as good as I should have.
메이비 아이 디든 트리 츄 콰이 래즈 굿 애즈아이 슈 대 브

If I made you feel second best, Girl I'm so sorry I was blind.
이파이 메이 듀 필 쎄컨 베스트, 걸 아임 쏘 쏘리 아이 워즈 블라인드

You were always on my mind. (×2)
유 워 올웨이즈 온 마이 마인드

Maybe I didn't hold you all those lonely, lonely times.
메이비 아이 디든 홀~쥬 올 도오즈 로온리 로온리 타임즈

And I guess I never told you I'm so happy that you're mine.
앤 아이 게스 아이 네버 톨~쥬 아임 쏘 해삐 댓 유아 마인

....
Little things I should have said and done.
리를 씽~즈 아이 슈 대 브 쌔 댄 던

I just never took the time.
아이 져슷 네버 툭 더 타~임

You were always on my mind. (×2)
유 워 올웨이즈 온 마이 마인드
....

Tell me. Tell me that your sweet love hasn't died.
테~엘미 텔 미 댓 유어 스윗 럽 해즌 다이드

Give me. Give me one more chance to keep you satisfied,
가~이브미 깁 미 원 모어 챈스 투 키 퓨 세리스파잇

I'll keep you satisfied.
아일 키 퓨 세리스파잇

.... Repeat

MUSIC STORY

⌐ 노래 이야기

이 노래는 연인을 많이 사랑해주지 못한 것과 잘 대해주지 못한 것, 그리고 말 한마디 따뜻하게 못해준 자신의 행동을 후회하며 용서를 빌고 한 번만 더 기회를 달라고 간구하는 남성의 노래입니다.

윌리 넬슨은 이 한 곡으로 하루 아침에 컨트리 세계의 제왕으로 군림했습니다. 1982년 그는 이 곡을 컨트리풍으로 편곡하여 불렀고 그래미상에서 최우수 곡으로 선정되었습니다. 이 노래는 1971년 Brenda Lee가 처음으로 녹음해 1972년 6월에 발표된 노래입니다. 그 후 1972년 10월에 Elvis Presley가 부르기도 했습니다.

⌐ 가수 이야기

윌리 넬슨(본명 Willie Hugh Nelson)은 미국 컨트리 음악계의 살아 있는 전설로 불리는 컨트리 음악의 거장입니다. 그는 대공황 시기인 1933년 4월 30일 미국 텍사스주 애보트에서 태어났습니다. 어릴 적 부모가 이혼하여 조부모 밑에서 외롭게 자랐는데 할아버지가 사준 기타를 배우면서 음악적 재능을 보였습니다. 그는 단기 아나운서 코스를 받고 방송국에 취직해서 컨트리 쇼 프로에서 사회를 맡았고 직접 기타를 지며 부대에 서기도 했습니다. 그 이후 아나운서와 DJ로 활동하여 능력을 인정받았고 작곡가 겸 가수, 그리고 시인이자 배우로 활동했습니다.

노래를 들으며 가사를 차근차근 읽어보세요.

Some say love it is a river
That drowns the tender reed.
Some say love it is a razor
That leaves your soul to bleed.
Some say love it is a hunger
And an endless aching need.
❶ I say love it is a flower
And you, its only seed.

❷ It's the heart afraid of breaking
That never learns to dance.
It's the dream afraid of waking
That never takes the chance.
❸ It's the one who won't be taken
Who cannot seem to give.
And the soul afraid of dying
That never learns to live.

When the night has been too lonely
And the road has been too long.
And you think that ❹ love is only
For the lucky and the strong.
Just remember in the winter
Far beneath the bitter snows
Lies the seed that with the sun's love
In the spring becomes the rose.

한글 해석

한글 가사를 읽으며 내용을 더 정확하게 이해하세요.

어떤 이는 사랑 그것은 연약한 갈대를 삼켜버리는
강물 같다고 말합니다.
어떤 이는 사랑 그것은 당신의 영혼을 아프게 하는
면도날 같다고 합니다.
어떤 이는 사랑 그것은 굶주림 같아서
끝없이 아픈 갈구 같은 것이라 합니다.
나는 사랑 그것은 꽃과 같고
그리고 당신, 그 꽃의 씨앗이라 생각합니다.

결코 춤을 배우지 않는 것은
상처받을까 두려워하는 마음 때문이죠.
결코 모험하지 않는 것은
깨어날까 두려워하는 꿈 때문이죠.

베풀지 않은 자는 받지도 못하는 것입니다.
결코 사는 법을 배우지 않는 것은
죽음을 두려워하는 영혼 때문입니다.

밤이 너무나 외롭고
갈 길이 너무 멀게 느껴질 때
사랑은 단지 운 좋고
강한 자들을 위한 것이라고 생각하겠지요.
기억하세요. 한겨울에
저기 차디찬 눈 아래에 놓여있는 씨앗을
그 씨앗은 햇살의 사랑을 받아
봄이 되면 장미꽃으로 피어납니다.

① I say love it is a flower.

나는 사랑 그것은 꽃이라고 생각해요.

줄여서 표현하면 Love is a flower. 입니다. 여기서 I say는 I think와 같은 뜻으로 해석할 수 있습니다.

★ **Love is always gentle.** 사랑은 언제나 온유한 것이다.

② It's the heart afraid of breaking that never learns to dance.

결코 춤을 배우지 않는 것은 상처받을까 두려워하는 마음 때문이죠.

이 문장은 [It is+강조 구문+that~]의 형태로 '~한 것은 바로 ~이다'라는 뜻입니다. 문장에서 강조하고자 하는 말(주어, 목적어, 부사구 등)을 it과 that 사이에 삽입합니다. 원 문장은 The heart afraid of breaking never learns to dance. 입니다.

★ **Are you afraid of breaking your heart?** 넌 상처 입을까 두렵니?

③ It's the one who won't be taken who cannot seem to give.

베풀지 않은 자는 받지도 못하는 것입니다.

이 문장 역시 It is~ that~ 강조구문으로 두 번째 who는 that 대신 쓰인 것입니다. 원 문장은 The one who won't be taken cannot seem to give.로, 기브앤테이크의 원칙을 말하고 있습니다.

★ **You should give first if you want to take.** 받고 싶다면 우선 줘야 합니다.

④ Love is only for the lucky and the strong.

사랑은 단지 운 좋고 강한 자들을 위한 것입니다.

the 뒤에 형용사만 올 경우 '~사람들'이라는 복수보통명사가 됩니다. 이 문장은 삶이 힘들고 어려울 때 사랑은 나와 먼 것이라고 생각하지만 실제로는 그렇지 않다는 의미입니다.

★ **the lucky** 운 좋은 사람들   **the strong** 강한 사람들
　 the rich 부자들   **the poor** 가난한 자들   **the young** 젊은이들   **the old** 노인들

A: You don't ❶ **look well** today. Are you sick or something?

오늘 안 좋아 보이는군요. 어디 아프신가요?

B: I'm not sure. I just feel ❷ **depressed**. Life is so boring.

모르겠어요. 그냥 우울하네요. 인생이 너무 지루해요.

A: Oh, no! ❸ **Are you going through menopause**?

오, 저런! 갱년기를 겪고 있는 거예요?

B: ❹ **Stop kidding**! I am not that old.

농담 마세요! 난 그 정도로 늙지 않았어요.

A: Glad to hear that. Let's go shopping ❺ **for a change**.

다행이네요. 그럼 기분전환으로 쇼핑이나 갑시다.

B: Shopping for a change? That would be nice.

기분전환으로 쇼핑을? 그것 좋겠네요.

표현 익히기

❶ look well은 '건강해 보인다'라는 뜻으로, well이 형용사로 쓰이면 '건강한'의 뜻이며 healthy와 같은 이미입니다.
 ★ **You don't look well.** 건강해 보이지 않아, 아파 보여.

❷ depressed는 '우울한'이며, 이 문장과 유사한 표현으로 I feel down, I feel blue.가 있습니다.

❸ menopause는 '폐경기, 갱년기'라는 뜻이며, go through는 '겪다'라는 뜻으로 experience와 동의어입니다.

❹ 유사표현으로 Stop joking!, No kidding!이 있습니다.

❺ for a change는 '기분전환으로'이며, 구어체에 많이 쓰입니다.
 ★ **What do you usually do for a change?** 당신은 기분전환으로 주로 뭐하세요?

The Rose

Some say love it is a **river** that drowns the tender reed.
썸 쎄이 럽 잇 이즈 어 리버 댓 드라운즈 더 텐더 리드

Some say love it is a **razor** that leaves your soul to bleed.
썸 쎄이 럽 잇 이즈 어 레이저 댓 리브즈 유어 쏘울 투 블리드

Some say love it is a **hunger** and an endless aching need.
썸 쎄이 럽 잇 이즈 어 헝거 앤 언 엔들리스 에이킹 니드

I say love it is a **flower** and you its only seed.
아이 쎄이 럽 잇 이즈 어 플라워 앤 유 잇츠 온리 씨드

It's the heart afraid of breaking that never learns to dance.
잇츠 더 할트 어프레읻 오브 브레이킹 댓 네벌 런-스 투 댄-스

It's the dream afraid of waking that never takes the chance.
잇츠 더 드림 어프레읻 오브 웨이킹 댓 네벌 테익스 더 첸-스

It's the one who won't be taken who cannot seem to give.
잇츠 더 원 후 윙 비 테이큰 후 캔~낫 씸 투 기-브

And the soul afraid of dying that never learns to live.
앤 더 쏘울 어프레읻 오브 다잉 댓 네벌 런스 투 리브

When the night has been too lonely
웬 더 나잇 해즈 빈 투 로온리

And the road has been too long.
앤 더 로오드 해즈 빈 투 롱

And you think that love is only for the lucky and the strong.
앤 유 씽크 댓 러브 이즈 온리 퍼 더 럭~키 앤 더 스트롱

Just remember in the winter far beneath the bitter snows
저슷 리멤버 인 더 윈터 파 비니쓰 더 비러 스노우즈

Lies the seed that with the sun's love in the spring becomes the rose.
라이즈 더 씨드 댓 위 더 썬스 러브 인 더 스프링 비컴-즈 더 로오즈

MUSIC STORY

이 노래에서는 사랑에 대한 정의를 다양하게 말합니다. 다른 사람들이 사랑이 뭐라고 말하든 나는 사랑이 한 송이 꽃이라고 생각하며, 당신이 그 꽃의 씨앗이라고 노래합니다. 모진 겨울의 추위를 겪고 차가운 눈 아래 놓여있는 씨앗이 봄이 되면 태양빛을 받아 장미꽃으로 피어난다는 것입니다. 바로 그런 것이 사랑이라고 노래합니다. 사랑과 인생에 대한 한 편의 시와 같이 아름다운 노래입니다. 가사의 문장 끝에 운율을 맞춘 것을 보면 완벽한 한 편의 멋진 시입니다. 1980년 빌보드 싱글 차트 3위곡으로 엄청난 인기를 끌었던 노래입니다.

베트 미들러는 1945년 미국 하와이 호놀룰루에서 태어났으며, 어릴 적 꿈이 영화배우였습니다. 1979년 제니스 조플린의 생애를 다룬 영화 〈The Rose〉에서 그녀는 전설적인 포크 싱어 역할을 하여 뛰어난 연기력을 보여줍니다. 그래서 아카데미 여우주연상 후보에 오르기도 했고, 영화 주제가인 The Rose를 빅히트시켰습니다. 그녀는 수많은 영화와 뮤지컬에 출연한 배우이자 가수이며 80년대 최고의 여성 아티스트로 꼽힙니다.

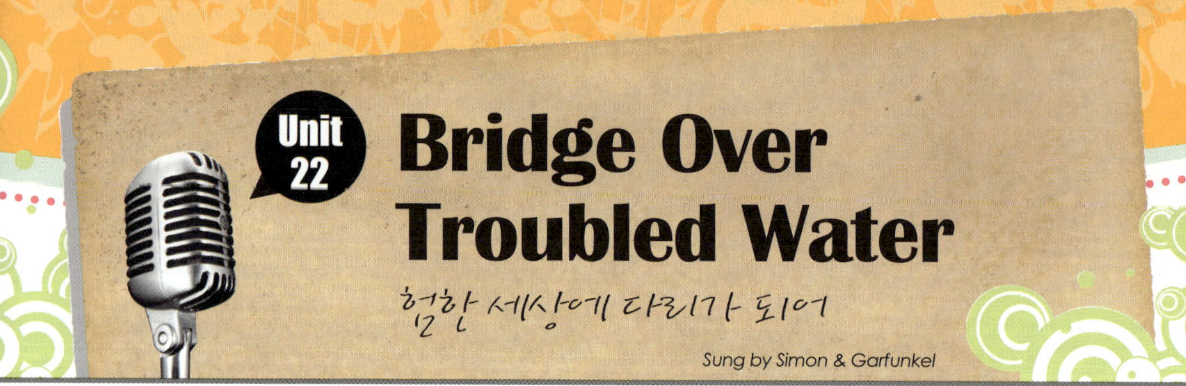

가사 익히기

노래를 들으며 가사를 차근차근 읽어보세요.

❶ When you're weary, feeling small
When tears are in your eyes
I'll dry them all.
❷ I'm on your side
Oh when times get rough
And friend just can't be found.

....

❸ Like a bridge over troubled water, I'll lay me down.
Like a bridge over troubled water, I'll lay me down.

....

When you're down and out,
When you're on the street,
When evening falls so hard,
❹ I will comfort you.
I'll take your part
Oh when darkness comes and pain is all around.

Sail on, silver girl, sail on by.
Your time has come to shine.
❺ All your dreams are on their way.
See how they shine.
Oh if you need a friend, I'm sailing right behind
Like a bridge over troubled water,
I'll ease your mind.
Like a bridge over troubled water,
I'll ease your mind.

한글 해석

한글 가사를 읽으며 내용을 더 정확하게 이해하세요.

그대 지치고 초라하게 느껴질 때
그대 눈에 눈물 고이면, 제가 모두 닦아 드릴게요.
사는 게 힘들어지고, 친구 하나 찾을 수 없을 때도
제가 당신 곁에 있어요.

······

험한 세상의 다리가 되어
제가 당신의 다리가 되어 드릴게요.
험한 세상의 다리가 되어
제가 당신의 다리가 되어 드릴게요.
······

당신이 무일푼일 때
길거리에 나와 헤매고 있을 때
저녁이 오는 게 견디기 힘들 때

제가 당신을 위로해 드릴게요.
제가 당신의 편이 되어 드릴게요.
어둠이 내려오고, 주변이 온통 고통뿐일 때에도.

······ 반복

항해를 계속해요. 그대여. 계속 항해해요.
당신의 시간이 빛날 때가 오고 있어요.
당신의 모든 꿈이 이루어지고 있어요.
얼마나 빛나는지 보아요.
당신이 친구가 필요하다면 바로 뒤에서 항해할게요.
험한 세상의 다리가 되어
당신의 마음을 편안하게 해 드릴게요.
험한 세상의 다리가 되어
당신의 마음을 편안하게 해 드릴게요.

words	
weary	지친
feel small	초라하게 느끼다
tears	눈물
on one's side	~의 편에
rough	험한, 거친
lay ~down	~을 눕히다
down and out	몰락하여, 무일푼의
comfort	위로하다(=console)
take one's part	~역할을 하다
darkness	어둠
pain	고통
sail	항해하다
shine	빛나다
on one's way	다가오는
ease	편안하게 하다

1 When you're weary, feeling small.

당신이 지쳐서 초라하게 느껴질 때.

weary은 '지친'으로 tired와 같은 뜻이며, feel small은 '작게 느끼다, 초라하게 느끼다'입니다.
★ **I feel small in front of you.** 그대 앞에서 난 초라해져요.

2 I'm on your side when times get rough.

사는 게 힘들 때에도 난 당신 곁에 있어요.

rough는 '거친, 힘든'이라는 뜻으로 Times get rough.는 '힘든 시기가 와도.'라고 해석됩니다.
★ **I'm always on your side.** 난 항상 당신편이에요.

3 Like a bridge over troubled water, I'll lay me down.

험한 세상에 다리가 되어 드릴게요.

troubled는 보통 '괴로운, 곤란한'의 뜻으로 사용되지만 '파도치는'이라는 의미로 사용되기도 합니다. 그러므로 troubled water는 '거친 파도치는 강물, 혹은 바닷물'을 뜻하며 '험난한 세상'을 비유하는 표현입니다.

4 I will comfort you.

제가 당신을 위로해 드릴게요.

comfort는 '위로하다, 격려하다'라는 뜻입니다. 같은 표현으로 Let me comfort you.가 있습니다.

5 All your dreams are on their way.

당신의 모든 꿈이 이루어지고 있어요.

on one's way는 '~도중에, 오는 길에, 가는 중에'라는 의미입니다.
★ **Dreams come true.** 꿈은 실현된다.

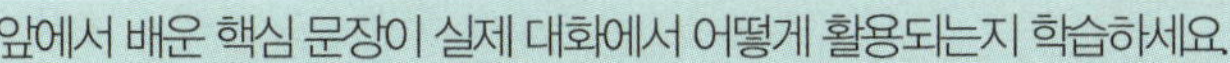

A: How is your business?

당신 사업은 어떻습니까?

B: Well, it's not good. You know times are getting rough these days.

글쎄, 좋지 않아요. 알다시피 요즘 사는 게 힘들어지네요.

A: The ❶ **economy** doesn't seem to be getting any better.

경제가 나아질 것 같지 않아요.

B: That's right. ❷ **I barely make ends meet**. How about you?

맞아요. 저는 겨우 먹고살아요. 당신은 어때요?

A: ❸ **We are in the same boat**. I guess we need to ❹ **tighten up our belts**.

우린 같은 처지입니다. 우리는 허리띠를 졸라매야겠어요.

B: ❺ **You can say that again**.

지당하신 말씀입니다.

표현 익히기

❶ economy 는 명사로 '경제'이며, economical은 형용사로 '경제적인, 절약되는'입니다.

❷ barely는 부사로 '겨우, 간신히'이며, make ends meet는 '빚 안 지고 살아가다, 수입 내에서 꾸려 가다'라는 뜻입니다.

❸ 같은 배를 타고 있다는 말은 '같은 처지에 있다'라는 표현입니다.

❹ tighten up one's belt는 '~의 허리띠를 졸라매다, 절약하다'라는 의미입니다.

❺ 직역하면 '넌 그것을 다시 말할 수 있다.'이며 '너의 말이 맞다.'는 의미로 You're right, That's right, I agree with you.와 같은 표현입니다.

Bridge Over Troubled Water

When you're weary, feeling small
웬 유아 위어리 필링~ 스몰~

When tears are in your eyes
웬 티얼즈 아 인 유어 라이즈

I'll dry them all.
아일 드라이 냄 올

I'm on your side oh when times get rough
아임 온 유어 싸이드 오 웬 타임즈 갯 러프

And friend just can't be found.
웬 프렌드 져슷 캔 비 파운드

·······

Like a bridge over troubled water,
라이 커 브릿지 오버 추러블드 워러~

I'll lay me down.
아일 레이 미 다운

Like a bridge over troubled water,
라이 커 브릿지 오버 추러블드 워러~

I'll lay me down.
아일 레이 미 다운

·······

When you're down and out,
웬 유아 다운 앤 아웃

When you're on the street,
웬 유아 온 더 스트릿

When evening falls so hard,
웬 이브닝 폴스 쏘 하알~

I will comfort you. I'll take your part.
아 월 컴폴트 유 아일 테익 유어 파알~

Oh when darkness comes
오 웬 다알크니스 컴~즈

And pain is all around.
앤 페인 이즈 올 어라~운

······· Repeat

Sail on, silver girl, sail on by.
쎄일 온 실버 거얼 쎄일 온 바이

Your time has come to shine.
유어 타임 해즈 컴 투 샤~인

All your dreams are on their way.
올 유어 드림즈 아 온 데어 웨이

See how they shine.
씨 하우 데이 샤~인

Oh if you need a friend,
오 이퓨 니드 어 프렌드

I'm sailing right behind
아임 쎄일~링 뢰잇 비하인~

Like a bridge over troubled water,
라이 커 브릿지 오버 츄러블드 워러~

I'll ease your mind.
아일 이즈 유어 마~인

Like a bridge over troubled water,
라이 커 브릿지 오버 츄러블드 워러~

I'll ease your mind.
아일 이즈 유어 마~인

MUSIC STORY

이 노래는 폴 사이먼이 1969년 작사ㆍ작곡한 곡입니다. 1970년에 발매되어 빌보드차트에서 6주 동안 1위를 기록했고, 밀리언셀러가 되었습니다. 그래미상 5개 부문을 수상, 팝의 명곡 가운데 하나로 꼽히는 이 노래는 언제 들어도 가슴을 뭉클하게 합니다. 한 줄, 한 줄이 명대사라 영어를 공부하기 적합한 곡입니다.

또한, 힘든 상황에 있는 사람을 위로할 때 부르는 노래로 가장 추천할 만한 곡입니다. troubled water는 힘한 세상을 뜻하는데, 직역하면 '거친 파도가 치는 강물 위에 나를 눕혀 다리가 되어 그대가 건너가게 하겠다'라는 내용입니다.

사이먼 앤 가펑클은 폴 사이먼(보컬), 아트 가펑클(기타, 보컬)로 구성된 그룹입니다. 1964년 1집 앨범 〈Wednesday Morning 3 A.M.〉으로 데뷔했으며, 1970년 제13회 미국 그래미어워드 올해의 앨범, 올해의 레코드, 1968년 제11회 미국 그래미어워드 최우수 팝 보컬 듀오, 올해의 레코드 등을 수상했습니다. 1972년에 공식 해체했으며, 1980~81년에 일시적으로 재결합하여 활동하기도 했습니다.

가사 익히기 노래를 들으며 가사를 차근차근 읽어보세요.

❶ I never dared to reach for the moon.
I never thought I'd know heaven so soon.
I couldn't hope to say how I feel.
❷ The joy in my heart no words can reveal.

....

Over and over I whisper your name.
Over and over I kiss you again.
❸ I see the light of love in your eyes.
Love is forever, no more good-byes.

....

Now just a memory the tears that I cried.
Now just a memory the sighs that I sighed.
❹ Dreams that I cherished all have come true.
❺ All my tomorrows I give to you.

······ Repeat

Life's summer leaves may turn to gold.
The love that we share will never grow old.
Here in your arms the words far away.
Here in your arms forever I'll stay.

······ Repeat

한글 해석

한글 가사를 읽으며 내용을 더 정확하게 이해하세요

나는 감히 달에 이르려고 하지도 않았어요.
내가 천국을 그렇게 빨리 알게 되리라
결코 생각지도 못했어요.
내 감정을 당신께 말하는 것을 바라지도 못했지요.
내 마음속에 기쁨은 어떤 말로도 표현할 수 없네요.

·······

반복해서 당신의 이름을 속삭여봅니다.
반복해서 당신에게 입 맞추어 봅니다.
난 당신의 눈 속에서 사랑의 빛을 봅니다.
사랑은 영원한 거예요. 더 이상 이별은 없어요.

·······

이제 내가 흘렸던 눈물은 추억일 뿐이에요.
이제 내가 쉬었던 한숨도 추억일 뿐이에요.
내가 소중히 간직했던 꿈들이 모두 이루어졌어요.
나의 모든 내일을 당신께 드릴게요.

······ 반복

여름의 푸른 나뭇잎들이 황금빛으로 변하겠지만
우리가 나눴던 사랑은 절대 시들지 않을 거예요.
여기 당신 품속에서 어떠한 말도 필요 없어요.
여기 당신 품속에서 영원히 머물겠어요.

······ 반복

1 I never dared to reach for the moon.

나는 감히 달에 이르려고 하지도 않았어요.

reach for the moon은 '불가능한 것을 바라다'라는 의미로, 너무 멋진 사람인 당신을 감히 넘보지도 못했다는 뜻입니다.

★ **Don't cry for the moon.** 못 올라갈 나무 쳐다보지도 말아라.

2 The joy in my heart no words can reveal.

내 마음속 기쁨은 어떤 말로도 표현할 수 없네요.

원 문장은 No words can reveal the joy in my heart.인데 목적어인 the joy in my heart를 강조하기 위해 앞으로 도치해서 쓴 것입니다.

3 I see the light of love in your eyes.

난 당신의 눈 속에서 사랑의 빛을 봅니다.

'당신이 나를 사랑하고 있다는 것을 눈빛만으로도 알 수 있다.'는 뜻입니다.

4 Dreams that I cherished all have come true.

내가 소중히 간직했던 꿈들이 모두 이루어졌어요.

이 문장은 관계대명사를 활용해서 I cherished dreams. '난 꿈을 마음속에 품었다.'와 And all dreams have come true. '그리고 모든 꿈이 실현되었다.'를 한 문장으로 만든 것입니다. cherish는 '~을 소중히 하다, ~을 가슴속에 간직하다'라는 뜻입니다.

5 All my tomorrows I give to you.

나의 모든 내일을 당신께 드릴게요.

앞으로의 미래를 모두 맡기겠다는 뜻으로 원 문장은 I give all my tomorrows to you.인데 목적어 all my tomorrows '나의 모든 미래'를 강조하기 위해 앞으로 도치해 표현한 것입니다.

★ **Give me liberty, or give me death.** 나에게 자유 아니면 죽음을 달라.

앞에서 배운 핵심 문장이 실제 대화에서 어떻게 활용되는지 학습하세요.

A: You ❶**are in love with** someone, aren't you?

너 누군가를 사랑하고 있지, 그렇지?

B: No, I'm not. What are you saying?

아니야. 무슨 말이야?

A: I see the light of love in your eyes.

너의 눈에 사랑의 빛이 보이는데.

B: ❷**No kidding**! You really can see it?

설마! 너 정말 그것을 볼 수 있니?

A: No, I'm just ❸**teasing** you. Sorry.

아니, 그냥 널 놀린 거야. 미안해.

B: You have ❹**made a fool of** me over and over.

너 또 나를 바보로 만들었구나.

표현 익히기

❶ be in love with는 '～와 사랑에 빠지다, 사랑을 하다'입니다.

❷ 같은 표현으로 Stop kidding!, You must be kidding!이 있습니다.

❸ tease는 '놀리다, 희롱하다'라는 뜻입니다.

❹ make a fool of는 '～를 바보 취급하다, 속여 넘기다, 놀리다'입니다.

★ **Don't make a fool of me.** 나를 놀리지 말아요.

실제 소리 나는 대로 적힌 한글 발음을 보며 여러 번 따라 불러보세요.

Over and Over

I never dared to reach for the moon.
아이 네버 데어 투 리치 포 더 문

I never thought I'd know heaven so soon.
아이 네버 쏫 아이 노우 해븐 쏘 쑨

I couldn't hope to say how I feel.
아이 쿠든 홉 투 쎄이 하우 아이 필

The joy in my heart no words can reveal.
더 조이 인 마이 하알트 노 워즈 캔 리비일

• • • • • • •

Over and over I whisper your name.
오우버 앤 오우버 아이 위스펄 유어 네임

Over and over I kiss you again.
오우버 앤 오우버 아이 키쓰 유 어겐

I see the light of love in your eyes.
아이 씨 더 라잇 옵 럽 인 유어 아이즈

Love is forever, no more good-byes.
러브 이즈 포레버, 노 모어 굿 바이즈

• • • • • • •

Now just a memory the tears that I cried.
나우 져스터 메모리 더 티얼즈 대라이 크라이드

Now just a memory the sighs that I sighed.
나우 져스터 메모리 더 싸이즈 대라이 싸이드

Dreams that I cherished all have come true.
드림즈 대라이 체리쉬드 올 해브 컴 츄루

All my tomorrows I give to you.
올 마이 투머로우즈 아이 깁 투 유

• • • • • • • Repeat

Life's summer leaves may turn to gold.
라이프스 써머 리브즈 메이 턴 투 골드

The love that we share will never grow old.
더 러브 댓 위 쉐어 윌 네버 그로우 올드

Here in your arms no word's far away.
히어 인 유어 암즈 노 워즈 파 어웨이

Here in your arms forever I'll stay.
히어 인 유어 암즈 포레버 아일 스떼이

• • • • • • • Repeat

MUSIC STORY

너무나 멋진 사람을 알게 되었는데, 그는 감히 다가갈 수 없는 달과 같은 존재입니다. 내 감정을 표현하지도 못하고 있는데, 그 사람은 오히려 나를 사랑하게 되어 너무 행복하다고 말합니다. 그동안의 슬픔과 한숨은 모두 추억이 되고 이제는 행복한 미래를 노래합니다. 꿈꾸던 사랑이 이루어져 행복한 마음을 표현한 사랑의 노래입니다.

봄날의 연둣빛 같이 청아하고 아름다운 나나 무스꾸리의 목소리가 아름다운 선율과 잘 어우러져 클래식 한 곡을 들은 듯한 느낌을 받게 하는 노래입니다.

긴 생머리, 검은 뿔테안경, 흰 드레스에 청아한 목소리가 상징인 세계적인 가수 나나 무스꾸리는 1934년 10월 13일 그리스에서 태어났습니다. 그리스의 대표적인 대중가수로, 처음에는 클래식 가수로 시작해 1960년 독일에서 발표한 앨범으로 인기를 얻어 세계적인 가수가 되었습니다. 1974년 미국 카네기홀에서 공연한 후 엄청난 인기를 얻었습니다.

그녀가 발표한 곡만 1,500곡, 발매음반 450장이며, 역사상 가장 많은 음반인 약 3억 장의 음반 판매고를 가진 가수입니다. 그리스 가수이지만 영어, 불어, 스페인어, 이탈리아어, 독일어, 라틴어, 포르투갈어로도 음반을 녹음했고 프랑스 역대 치대 앨범판매기록을 보유하고 있습니다. 2004년 그녀의 50년 음악 활동을 마감하는 고별 콘서트를 했습니다.

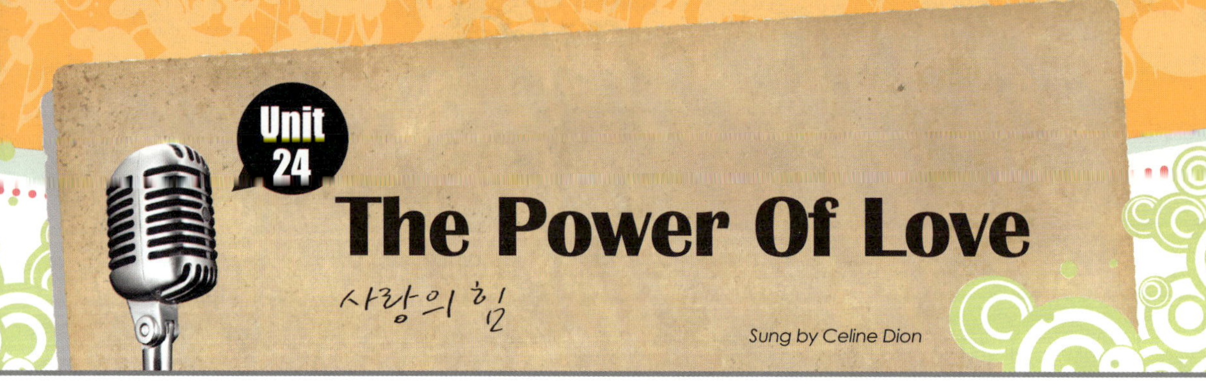

가사 익히기

노래를 들으며 가사를 차근차근 읽어보세요.

The whispers in the morning of lovers sleeping tight
Are rolling by like thunder now.
As I look in your eyes
I hold on to your body and feel each move you make.
❶ Your voice is warm and tender.
A love that I could not forsake.

. . . .

'Cause I am your lady, and you are my man.
❷ Whenever you reach for me, I'll do all that I can.

. . . .

Even though there may be times, it seems I'm far away,
❸ Never wonder where I am
'Cause ❹ I am always by your side.

. . . . Repeat

We're heading for something.
Somewhere I've never been.
Sometimes I am frightened,
But ❺ I'm ready to learn of the power of love.

The sound of your heart beating
Made it clear suddenly.
The feeling that I can't go on
Is light years away.

.... Repeat

한글 해석

한글 가사를 읽으며 내용을 더 정확하게 이해하세요.

곤히 자는 연인들의 아침의 속삭임이
이제 천둥처럼 울려 퍼지네요.
당신의 눈을 들여다보며
당신의 몸에 꼭 붙어 움직임 하나하나를 느낍니다.
당신의 목소리는 따뜻하고 부드러워요.
당신은 내가 저버릴 수 없는 사랑이에요.

....
나는 당신의 여자, 당신은 나의 남자이기에
당신이 내게 향할 때마다,
내가 할 수 있는 모든 걸 다 해 드릴게요.

....
비록 내가 저 멀리 있는 것 같은 때가 있을지라도
결코 내가 어디 있는지 궁금해 하지 마세요.
난 항상 당신 곁에 있으니까요.

.... 반복

우리는 그 어떤 것을 향해 가고 있어요.
어딘가 내가 가보지도 못한 곳으로.
때로는 두렵기도 하지만,
난 사랑의 힘을 배울 준비가 되어 있어요.

당신의 심장박동 소리를 들으니 갑자기 확신이 생겼어요.
우리의 사랑을 계속할 수 없다는 그런 감정은
광년만큼이나 멀리 있다는 것을요.

.... 반복

1 Your voice is warm and tender.

당신의 목소리는 따뜻하고 부드러워요.

★ **Your voice is good.** 당신 목소리가 좋아요.
Your voice sounds hoarse. 당신 목소리가 쉬었군요.

2 Whenever you reach for me, I'll do all that I can.

당신이 내게 향할 때마다 할 수 있는 모든 것을 다 해 드릴게요.

reach for는 '~을 향해 가다, 손을 뻗다'라는 뜻인데, 여기서는 '내가 필요할 때마다, 내게 올 때마다'로 해석됩니다.

3 Never wonder where I am.

결코 내가 어디 있는지 궁금해 하지 마세요.

wonder는 동사로 쓰이면 '궁금해 하다, 의심하다'입니다.
★ **I wonder where you live.** 당신이 어디 사는지 궁금합니다.

4 I am always by your side.

난 항상 당신 곁에 있어요.

이 문장에서 쓰인 by one's side는 '가까이에, 곁에'라는 뜻이며, 전치사 on이 붙은 on one's side는 '~편에, ~쪽에'로 해석합니다.
★ **I am on your side.** 난 당신 편입니다.

5 I'm ready to learn of the power of love.

난 사랑의 힘을 배울 준비가 되었어요.

[be ready to+동사원형]은 '~할 준비가 되어 있다'라는 뜻입니다.
★ **Are you ready to go out now?** 이제 나갈 준비가 되었나요?
I'm not ready yet. 난 아직 준비가 되지 않았어요.

앞에서 배운 핵심 문장이 실제 대화에서 어떻게 활용되는지 학습하세요.

A: ❶ **You are a good singer**. I like your voice.

당신은 노래를 잘하시는군요. 당신의 목소리가 좋아요.

B: Thank you. Your voice is warm and tender, too.

고마워요. 당신 목소리도 역시 따듯하고 부드러워요.

A: Really? I always wanted to sing well, but ❷ **I'm not good at it**.

그래요? 난 항상 노래를 잘 부르고 싶었어요, 하지만 잘 못해요.

B: You could be a good singer if you ❸ **practiced hard**.

열심히 연습하면 당신도 훌륭한 가수가 될 수 있어요.

A: Please teach me. ❹ **I'm ready to learn** how to sing.

저 좀 가르쳐주세요. 난 노래를 배울 준비가 되어있어요.

B: Okay. I'll do all that I can for you.

좋아요. 당신을 위해 할 수 있는 모든 걸 해 드릴게요.

표현 익히기

❶ 같은 표현으로 You sing very well.이 있습니다.

❷ be good at은 '~에 능통하다, ~을 잘하다'라는 뜻입니다.
   ★ **I'm good at singing.** 나는 노래를 잘해.
   ★ **I'm not good at speaking English.** 나는 영어 말하기에 서툴러.

❸ practice hard는 '열심히 연습하다'라는 뜻입니다.
   ★ **Practice makes perfect.** 연습하면 완벽해진다.

❹ [be ready to+동사원형]은 '~할 준비가 되다'라는 뜻입니다.
   ★ **Are you ready to start?** 시작할 준비가 되었어요?

The Power Of Love

The whispers in the morning
더 위스펄스 인 더 모~닝

of lovers sleeping tight
오브 러벌스   슬리핑   타잍

Are rolling by like thunder now
아   롤링   바이 라잌 썬더   나우

As I look in your eyes.
애즈아이 뤀 인 유어 아이즈

I hold on to your body
아이 홀 돈 투 유어 바디

And feel each move you make.
앤   필 이치 무브 유 메~잌

Your voice is warm and tender.
유어   보이스 이즈 웜   앤   텐더

A love that I could not forsake.
어 러브   대라이   쿧   낫   휘쎄이크

....

'Cause I am your lady, and you are my man.
코오즈 아엠 유어 레이디 앤 유 아 마이 맨

Whenever you reach for me,
웬에버   유 리치 휘 미

I'll do all that I can.
아윌 두 올 대라이 캔

....

Even though there may be times,
이븐   도~우 데어 메이 비 타임즈

It seems I'm far away,
잇 씸스 아임 파 러웨이

Never wonder where I am
네버   원더   웨어 아이엠

'Cause I am always by your side.
코오즈 아이 엠 올웨이즈 바이 유어 싸읻

.... Repeat

We're heading for something
위아   헤~딩 훠   썸~씽

Somewhere I've never been.
썸웨어~   아이브 네버   빈~

Sometimes I am frightened,
썸타임즈 아이 엠   프라이튼드

But I'm ready to learn
밧 아임 레디 투 러~언

Of the power of love.
오브 더 파워 오브 럽

The sound of your heart beating
더   싸운드 오브 유어 하알트   비~링

Made it clear suddenly.
메이 딧 클리어 써든리

The feeling that I can't go on
더   필~링   대라이 캔트 고우 온

Is light years away.
이즈 라잇 이얼즈 어웨이

.... Repeat

MUSIC STORY

셀린 디온을 위하여 빚을 내서 음반을 만들어 주고, 매니저로서 최선을 다하던 그녀의 남편 안젤린이 그만 후두암에 걸리고 맙니다. 힘든 투병을 하고 있는 남편을 위해서 최고의 인기를 누리던 가수 셀린 디온은 모든 활동을 접고 지극 정성으로 간호를 하며 돌보았습니다. 이 노래가 바로 그 내용을 가사로 옮긴 곡입니다. 들으면 들을수록 애절하고 감동적인 사랑의 힘을 느끼게 하는 노래입니다.

셀린 디온은 1968년 3월 30일 캐나다 출생으로, 싱어송라이터이자 배우, 사업가입니다. 캐나다 퀘벡주 샤를마뉴의 가난한 가정에서 태어나 당시 매니저였던 르네 안젤린의 도움으로 불어 음반을 녹음하게 되고, 스타가 됩니다. 1990년 1집 앨범 〈Unison〉으로 데뷔한 후 북미로 진출합니다. 매니저 안젤린의 도움으로 팝음악 역사상 가장 성공적인 아티스트 중 한 명이 됩니다. 1997년 영화 〈타이타닉〉의 주제가인 My heart will go on을 불러 세계적인 명성을 얻습니다. 그러나 한참 인기절정의 전성기를 맞이하고 있을 때 남편이 암 진단을 받아 휴식기를 가졌다가 2002년부터 다시 활동을 재개했습니다. 가창력이 뛰어난 그녀는 세계적인 가수가 되었고 '미국의 3대 디바'로 불립니다. 셀린 디온은 세계적으로 2억 장 이상의 앨범 판매고를 올렸습니다.

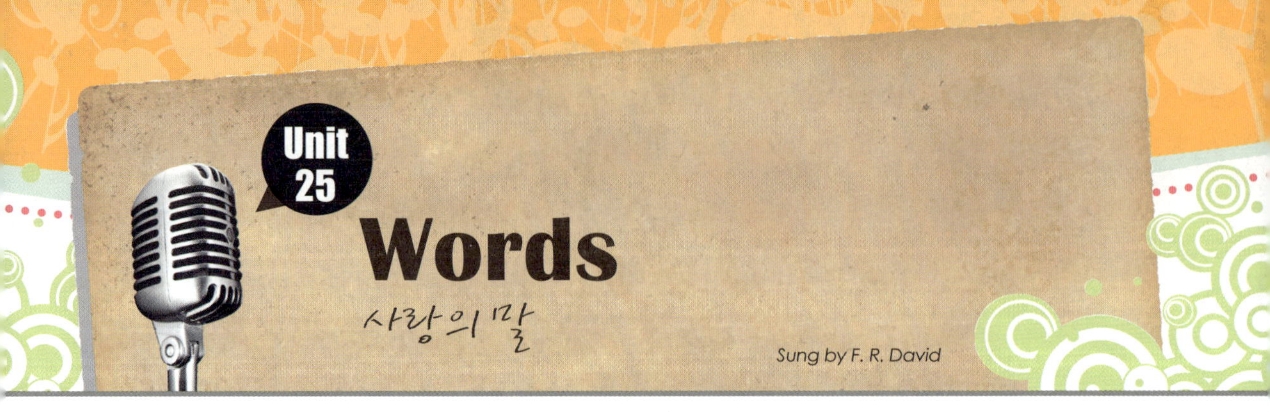

가사 익히기

노래를 들으며 가사를 차근차근 읽어보세요.

❶ Words, don't come easy to me.
How can I find a way to make you see I love you?
Words don't come easy.

Words, don't come easy to me.
This is the only way for me to say I love you.
Words don't come easy.

Well I'm just a music man.
❷ Melody's so far my best friend.
But my words are coming out wrong and I,
❸ I reveal my heart to you and
Hope that you believe it's true
'cause

······ Repeat

This is just a simple song
That ❹ **I've made for you on my own.**
There's no hidden meaning you know
When I, when I say I love you honey.
❺ **Please believe I really do.**
'cause

······ Repeat

It isn't easy. Words don't come easy.

······ Repeat

한글 해석

한글 가사를 읽으며 내용을 더 정확하게 이해하세요.

······

말로 표현하기가 쉽지 않아요.
내가 당신을 사랑한다는 걸 어떻게 알릴 수 있을까?
말로 표현하기가 쉽지 않아요.

······

말로 표현하기가 쉽지 않아요.
이것이 내가 당신을 사랑한다고 알리는
유일한 방법이에요.
말로 표현하기가 쉽지 않아요.

난 그저 음악 하는 사람이에요.
멜로디만 지금까지 내게 친구였어요.
말로 표현하는 일은 서툴러요.
그래서 이렇게 내 마음을 고백하니
그것을 진심으로 받아주길 바랄게요.
왜냐하면

······ 반복

이 곡은 내가 당신을 위해 만든
그저 소박한 노래예요.
숨은 뜻은 없답니다.
내가 사랑한다 말할 땐
정말 내 말을 믿어줘요.
왜냐하면

······ 반복

쉽지 않군요. 사랑을 말로 표현하기가 쉽지 않아요.

······ 반복

word	단어, 말
easy	쉬운, 편한
find	찾다, 발견하다
make	만들다, ~하게 만들다
way	방법, 길
so far	지금까지
best friend	가장 친한 친구
reveal	드러내다, 발설하다
heart	마음, 심장, 가슴
hidden	숨은, 숨긴
meaning	뜻, 의미
believe	믿다
true	사실의(↔ false)
cause	왜냐하면(because의 줄임말)

1 Words don't come easy to me.

말로 표현하기가 쉽지 않아요.

직역하면 '말이 내게는 쉽지 않다', 즉 '말로 표현하는 게 어렵다.'라는 뜻입니다.

★ **Easy come, easy go.** 쉽게 들어온 것은 쉽게 나간다.

It's not easy to express my feelings. 내 감정을 표현하는 게 어려워.

2 Melody's so far my best friend.

멜로디만 지금까지 내게 친구였어요.

so far는 '지금까지'라는 뜻이고, best friend는 '최고의 친구, 절친한 친구'라는 말입니다. 즉, 음악가라서 멜로디를 친구로 삼아 지내니 노래를 만들어 마음을 전한다는 얘기죠.

★ **So far, so good.** 지금까지 좋아요, 그럭저럭 잘 지내요.

3 I reveal my heart to you.

당신에게 내 마음을 고백합니다.

reveal은 '드러내다, 누설하다, 나타내다'라는 뜻입니다. 이 문장에서 I reveal my heart는 '내 마음을 드러내다', 즉 '고백한다'는 말이죠.

★ **Do not reveal a secret to anyone.** 어느 누구에게도 비밀을 누설하지 마시오.

4 I've made for you on my own.

당신을 위해 내가 직접 만들었어요.

on one's own은 구어체로 '혼자서, 스스로, 혼자 힘으로, 독립하여'라는 뜻입니다.

★ **Do you live on your own?** 당신은 혼자서 지냅니까?

5 Please believe I really do.

제발 내 말을 믿어주세요.

believe는 '~를 믿다'이지만, believe in은 '~의 존재를 믿다'라는 말입니다.

★ **Do you believe in God?** 당신은 신이 있다고 믿나요?

Do you believe me? 너는 나를 믿니?

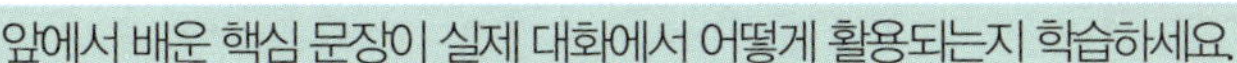

A: ❶ **How do you like your life in Korea?**

한국에서의 생활은 어떻습니까?

B: ❷ **So far, so good.** I enjoy working and living here in Korea.

지금까지는 좋아요. 저는 여기 한국에서 일하며 사는 것이 즐거워요.

A: Do you speak any Korean?

한국어 좀 하세요?

B: Yes, I can speak some words. ❸ **It isn't easy to learn** Korean.

네, 몇 마디 합니다. 한국어를 배우는 것은 쉽지 않네요.

A: ❹ **I know what you mean.** There is no shortcut to learning a language.

무슨 말인지 알겠어요. 언어를 배우는 데는 지름길이 없지요.

B: ❺ **I agree with you.**

당신 말에 동의해요.

표현 익히기

❶ [How do you like+명사?]는 '～은 어때요?'라는 뜻으로 상대방의 의견을 물을 때 씁니다.
  ★ **How do you feel about+명사?, What do you think of+명사?** ～에 대해 어떻게 생각하세요?

❷ 비슷한 표현으로 So-so. '그저 그래요', Not so good, not so bad. '좋지도 나쁘지도 않아요.' 등이 있습니다.

❸ [It isn't easy to+동사원형]은 '～하기가 쉽지 않다', 즉 [It's hard to+동사원형] '～하기가 어렵다'는 뜻입니다.
  ★ **It isn't easy to master English.** 영어를 마스터하는 것은 어려워요.

❹ 직역하면 '당신이 무엇을 의미하는지 알고 있다'라는 말입니다.
  ★ **I understand what you are talking about.** 나는 당신이 하는 얘기를 이해해요.

❺ agree with는 '～에 동의하다'로, You're right.과 같은 의미입니다.
  ★ **I don't agree with your plan.** 너의 계획에 동의할 수 없어.

Words

....

Words, don't come easy to me.
워즈 돈 컴 이지 투 미

How can I find a way to make you see I love you?
하우 캔 아이 화인 더 웨이 투 메이 큐 씨 아일 러 뷰

Words don't come easy.
워즈 돈 컴 이지
....

Words, don't come easy to me.
워즈 돈 컴 이지 투 미

This is the only way for me to say I love you.
디 씨즈 디 오온니 웨이 훠 미 투 쎄이 아일 러 뷰

Words don't come easy.
워즈 돈 컴 이지

Well I'm just a music man.
웰 아임 져스 터 뮤직 맨

Melody's so far my best friend, but my words are coming out wrong and I,
멜로디 쏘 파 마이 베슷 프렌드, 밧 마이 워즈 아 커밍 아웃 롱 앤 아이

I reveal my heart to you and hope that you believe it's true. 'cause
아이 리빌 마이 하알 투 유 앤 홉 댓 추 빌리브 잇츠 추루 코오즈

.... Repeat

This is just a simple song that I've made for you on my own.
디 씨즈 져스터 씸플 쏭 대라이브 메일 훠 유 온 마이 온

There's no hidden meaning you know. When I, when I say I love you honey.
데얼즈 노 히든 미~닝 유 노우 웬 아이 웬 아이 쎄이 아일 러 뷰 허니

Please believe I really do. 'cause
플리즈 빌리~브 아이 리얼리 두 코오즈

.... Repeat

It isn't easy. Words don't come easy.
잇 이즌 이지 워즈 돈 컴 이지

.... Repeat

MUSIC STORY

이 노래는 사랑하는 사람에게 사랑을 고백해야 하는데 말로 표현하는 게 너무 서툰 음악가가 노래로 사랑을 고백하는 내용입니다. 귀여운 내용의 흥겹고 신나는 노래입니다. 적당히 신나는 분위기와 쉬운 멜로디로 노래방에서 부르기에 딱 좋은 곡입니다. 혹시 여러분도 좋아하는 사람이 있으면 이 노래로 고백해 보세요.

F. R David는 1947년생으로 튀니지 페리빌리(현재는 멘젤 부르기바) 출신의 아티스트입니다. 본명은 Elli Robert Fitoussi이며, 주로 프랑스와 유럽에서 활동하고 있는 뮤지션입니다.

80년대 초반 발매한 앨범 〈The Words〉의 타이틀곡으로 유럽과 아시아, 우리나라에서 큰 사랑을 받았으며, 현재의 팝음악에까지 커다란 영향을 준 최고의 뮤지션이 되었습니다. '슈가팝의 왕자', '슈가팝의 대명사'라고 불리는 데이비드는 주로 편안하고 따스한 느낌을 주는 음악을 노래했습니다.

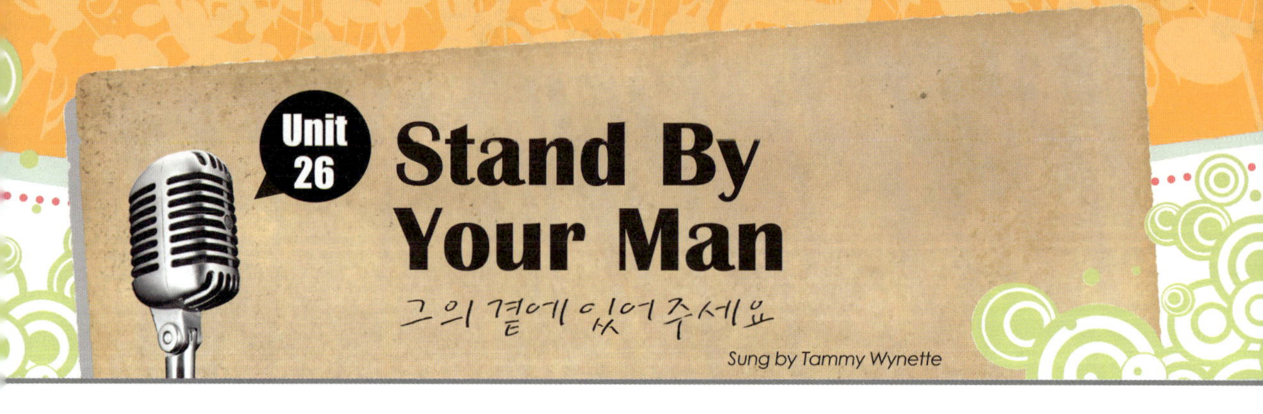

가사 익히기

노래를 들으며 가사를 차근차근 읽어보세요.

❶ Sometimes it's hard to be a woman
Giving all your love to just one man.
You have bad time
And he'll have good time
Doing things that you don't understand.

But ❷ if you love him, you forgive him
Even though he's hard to understand.
And ❸ if you love him, oh be proud of him.
'Cause after all he's just a man.

Stand by your man.
Give him two arms to cling to
And something warm to come to
❹ When nights are cold and lonely.

Stand by your man.
And show the world you love him.
Keep giving all the love you can.
Stand by your man.

······ Repeat

한글 해석

한글 가사를 읽으며 내용을 더 정확하게 이해하세요.

때로는 여자라는 게 너무 힘들어요.
오직 한 남자에게만 사랑을 쏟아야 하니까요.
당신이 고통스러울 때
그는 즐겁게 지낼 수도 있어요.
당신이 이해할 수 없는 일을 하면서요.

하지만 사랑한다면 그를 용서해주세요.
비록 그 사람이 이해하기 어렵더라도
당신이 그를 사랑한다면
그 남자를 자랑스럽게 여겨요.
결국 그는 한 남자일 뿐이니까요.

그의 곁에 있어주세요.
그가 다가올 수 있도록
따스한 온정을 베푸세요.
외롭고 쓸쓸한 밤이 다가오면

....

그의 곁에 있어주세요.
그를 향한 사랑의 세계를 보여주세요.
언제나 더할 나위 없는 사랑을 쏟으며
그를 곁에서 지켜주세요.

....

.... 반복

실제 회화에서 활용되는 핵심 문장을 더 깊이 학습하세요.

1 Sometimes it's hard to be a woman.

때로는 여자라는 게 힘들어요.

[It's hard(difficult) to+동사원형]은 '~하는 것이 힘들다, 어렵다'라는 뜻입니다. sometimes 는 '때때로, 때로는'으로 빈도부사(always '항상', usually '보통', often '자주' 등)는 문법적으로 일반 동사 앞, 조동사와 be동사 뒤에 씁니다. 하지만 sometimes는 회화에서 문장 맨 앞에 쓰기도 합니다.

★ **It's hard to be a man.** 남자라는 것이 힘들어요.

2 If you love him, you forgive him.

그를 사랑한다면 용서해주세요.

forgive는 '~를 용서하다, 너그럽게 봐주다'로, excuse와 같은 의미입니다.

★ **Please forgive me.** 저를 용서해주세요.

May God forgive us our sins. 주여, 저희의 죄를 용서하소서.

3 If you love him, oh be proud of him.

그를 사랑한다면 자랑스럽게 여기세요.

be proud of는 '~를 자랑스러워하다'라는 의미입니다.

★ **I am so proud of you.** 난 당신이 무척 자랑스러워요.

Please be proud of yourself. 너 자신을 자랑스럽게 여겨.

4 When nights are cold and lonely.

밤이 춥고 외로울 때면.

밤이 춥고 외롭다는 말은 곁에 아무도 없고 혼자 남아있다는 뜻입니다.

★ **I feel cold and lonely at night.** 난 밤에 춥고 외로워요.

A: Oh, it's hard to be a good student.
아, 착한 학생 되기는 힘들어요.

B: What are you talking about? You are a good student!
너 무슨 얘기니? 넌 착한 학생이야!

A: Sometimes I don't want to do my homework, but I have to.
때로는 저도 숙제하기 싫어요. 그러나 해야 하잖아요.

B: That's a ❶good attitude ❷as a student. ❸I am so proud of you.
그것은 학생으로서 좋은 태도야. 난 네가 참 자랑스러워.

A: Thank you, Mom. You always ❹encourage me.
고마워요, 엄마. 엄마는 항상 저를 격려해주시네요.

B: Don't mention it.
별말을 다 하네.

표현 익히기

❶ good attitude는 '좋은 태도, 바른 태도'라는 뜻입니다.

❷ as 뒤에 신분이나 직업이 올 경우 '~로서'로 해석됩니다.

❸ be proud of는 '~을 자랑스럽게 여기다, 자랑스럽다'라는 의미입니다.
★ **I am proud of my country.** 나는 내 나라가 자랑스럽다.

❹ encourage는 동사로 '~에게 용기를 북돋아주다, 격려하다'라는 의미입니다. 명사형은 encouragement '격려, 지지'이며, 자주 쓰는 표현으로 Thanks for your encouragement. '격려해줘서 고마워요.'가 있습니다.

Stand By Your Man

Sometimes it's ha**rd to** be a woman
썸타임즈 잇츠 할~투 비어 워먼

Gi**ving** all you**r** lo**ve** to jus**t** one man.
기빙 올 유어 러브 투 져스트 원 맨

You ha**ve** ba**d** time an**d** he'll ha**ve** goo**d** time
유 해~브 배드 타임 앤 히일 해~브 굿 타임

Doing **th**ings tha**t** you don'**t** unde**r**stan**d**.
두잉 씽스 댓 유 돈 언더~스땐~

Bu**t if you** love him you **forg**ive him
밧 이퓨 러브 힘 유 훨기브 힘

E**ven th**ough he's ha**rd to** understan**d**.
이븐 도우 히이즈 할~투 언더~스땐~

An**d if you** love him, oh be prou**d of** him.
앤 이퓨 러브 힘 오 비 프라운 오브 힘

'Cause a**fter** all he's jus**t a** man.
코오즈 애프터 올 히이즈 져스터 맨

Stan**d** by your man. Gi**ve** him two a**rm**s to cling to
스땐 바이 유어 맨 기브 힘 투 암~즈 투 클링 투

An**d** some**th**ing warm to come to
앤 썸씽 웜 투 컴 투

When nights a**re** col**d** an**d** lonely.
웬 나잇츠 아 콜드 앤 론리

. . . .

Stan**d** by your man. An**d** show the **world** you **love him**.
스땐 바이 유어 맨 앤 쑈우 더 월~드 유 러빔

Keep gi**ving** all the lo**ve** you can. Stan**d** by your man.
킵 기빙 올 더 럽 유 캔~ 스땐 바이 유어 맨

. . . .

. . . . Repeat

MUSIC STORY

영화 〈시애틀의 잠 못 이루는 밤〉에 삽입되어 더욱 익숙해진 이 곡은 1968년 태미 와이넷과 빌리 쉐릴이 공동으로 작사·작곡을 하고, 태미 와이넷이 부른 노래입니다. 와이넷의 곡 중 가장 크게 히트를 했고, 컨트리 뮤직 사상 가장 많이 알려진 노래 중 하나입니다. 68년 싱글 앨범으로 나오자 그해 말에 미국 컨트리 차트에서 1위, 그리고 장르를 넘어서 미국 팝 차트 19위까지 올랐습니다. 이로 인해 와이넷은 진정한 슈퍼스타가 되었습니다.

1960년대 말부터 1970년대 초까지 미국에 여성운동의 바람이 격렬하게 불었는데, 이 노래로 인해 페미니스트들로부터 비난을 받게 된 가수 와이넷은 여성들에게 남성의 둘째 지위에 서라는 것이 아니라, 진정 사랑하는 사람을 위해서 그의 단점과 잘못을 너그럽게 보아 넘기라는 제안일 뿐이라고 해명하기도 했습니다.

테미 와이넷(본명 Virginia Wynette Pugh)은 1942년 5월 5일에 태어나 1998년 4월 6일에 생을 마감한 미국의 싱어송라이터이며, 컨트리 뮤직의 퍼스트레이디라고 불렸습니다. 1976년 1집 앨범 〈My Elusive Dreams〉로 데뷔하였고, 1967년과 1969년에 그래미 어워드 최우수 여성 컨트리 보컬 공연상을 받았습니다. 그녀의 전성기인 1960년대 말에서 70년대 초까지 발표하는 노래마다 성공했으며 17곡의 노래가 1위를 기록하며 사랑받았습니다.

가사 익히기

노래를 들으며 가사를 차근차근 읽어보세요.

Moon river wider than a mile
① I'm crossing you in style someday.
Oh, dream maker
You heartbreaker.
② Wherever you're going,
I'm going your way.

Two drifters off to see the world.
③ There's such a lot of world to see.
④ We're after the same rainbow's end
Waiting round the bend
My huckleberry friend.
Moon river and me.

······· Repeat All

달빛이 흐르는 드넓은 강이여.
언젠가는 멋지게 그대를 건너갈 거예요.
오, 꿈을 꾸게 하는 그대
무심한 그대여.
그대가 어디를 가든지
난 그대를 따라갈래요.

세상을 구경하기 위해 떠난 두 방랑자여.
세상에는 볼 것이 많아요.
우린 같은 무지개의 끝을 쫓고 있어요.
강굽이 주위에서 기다리네요.
나의 어리석은 친구여.
달빛이 흐르는 강과 나.

······ 모두 반복

words

moon 달

river 강

wide 넓은

cross 건너다

in style 멋있게

someday (미래의) 언젠가

heartbreaker 무정한 자, 마음을 아프게 하는 사람

drifter 표류자, 방랑자

rainbow 무지개

round 주위에, 돌아서

bend 굴곡, 굽은 곳

실제 회화에서 활용되는 핵심 문장을 더 깊이 학습하세요.

❶ I'm crossing you in style someday.

언젠가는 멋지게 그대를 건너갈 거예요.

cross는 '건너다, 건너가다'라는 뜻인데, 여기서는 [be+~ing]의 진행형 형태로 사용되었지만 someday '언젠가'라는 미래를 나타내는 단어와 함께 쓰였으므로 미래 상황을 의미합니다. style은 '(복장의) 멋, 스타일, 품위, 고상'이며, in style은 '멋있게, 유행의'라는 의미입니다.

★ **He has style.** 그는 기품이 있어, 그는 고상해.

❷ Wherever you're going, I'm going your way.

그대가 어디를 가든지, 난 그대를 따라갈래요.

I'm going your way.는 I will follow you.와 같은 뜻입니다.

★ **Wherever you go, I will follow you.** 당신이 어디를 가든지, 당신을 따라갈래요.

❸ There's such a lot of world to see.

세상에는 볼 것이 많아요.

이 말은 There are a lot of things to see in the world.와 같은 의미입니다.

★ **There is a lot to see in Korea.** 한국에는 볼 게 많아요.

❹ We're after the same rainbow's end.

우린 같은 무지개의 끝을 쫓고 있어요.

be after something/someone은 '~을 따라가고 있다, 추구하고 있다'라는 의미입니다. 즉, 우리는 같은 것을 쫓고 있다는 것, 같은 목적을 갖고 있다는 뜻입니다.

★ **Run after that man.** 저 남자를 쫓아라.

I am after a secure future. 나는 안정된 미래를 추구해.

A: Do you like traveling?

여행 좋아하세요?

B: Yes, I do very much. Traveling is ❶ **my favorite thing** to do.

네, 무척 좋아합니다. 여행은 제가 가장 좋아하는 것입니다.

A: ❷ **Have you ever been to Jeju Island**?

제주도에 가보셨나요?

B: No, I haven't yet. I heard it's a beautiful island in Korea.

아니오, 아직 못 가봤어요. 그곳은 한국의 아름다운 섬이라고 들었어요.

A: Yes, it is. ❸ **It's a must for foreign tourists**.

네, 그래요. 그곳은 외국 관광객들에게는 꼭 가봐야 할 필수 장소입니다.

B: Are there a lot of things to see there?

거기에 볼 것이 많이 있나요?

표현 익히기

❶ my favorite thing은 '내가 가장 좋아하는 것'이며, favorite은 형용사로 '선호하는, 좋아하는'이라는 의미입니다.

  ★ **What's your favorite pop song?** 네가 가장 좋아하는 팝송은 뭐니?

❷ [Have you ever been to+장소?]는 '~에 가본 적 있나요?'라고 해석되며, 현재완료형으로 경험을 물을 때 사용됩니다.

  ★ **Have you ever been to Paris?** 파리에 가본 적 있나요?

❸ It's a must for는 '~에게 꼭 봐야할 것이다'라는 의미이며, 여기서 must는 조동사가 아닌 명사로 쓰였습니다. 같은 표현으로 It's a must-see.가 있습니다.

  ★ **The movie is a must-see.** 그 영화는 꼭 봐야할 영화다.

Moon River

Moon **river** wid**er** than a mile
문~　리버　와이더　댄　어 마일

I'm crossing you in style someday
아임　크로~씽　유　인 스따일　썸데이

Oh dream mak**er**, you hea**rt**break**er**
오　드림　메이커　유　하알~브레이커

Where**ver** you**'re** going I'm going you**r** way.
웨어레버　유어　고잉　아임　고잉　유어　웨이

Two drifters **off** to see the wo**rld**
투　드리프털스 오프 투 씨　더　워얼드

The**re**'s such **a lot of** world to see.
데얼즈　써~치　얼라로브　워얼드 투 씨

We**'re** after the same **r**ainbows' en**d**
위어　에프터 더　쎄임　레인보우즈　엔드

Waiting **round** **the** ben**d**
웨이팅　라운 더　밴드

My huckleberry frien**d**, moon **river** an**d** me.
마이　허클베리　프랜~　문　뤼버　앤 미

······ Repeat all

MUSIC STORY

이 노래는 1961년에 발표된 노래로 미국에서 개봉한 영화 〈티파니에서 아침을〉의 주제가로 쓰였고, 주연 여배우 오드리 헵번이 직접 불렀습니다. 그해 아카데미 주제가상을 수상했으며, 1962년 그래미상 올해의 음반에 뽑혔습니다.

이 곡을 히트시킨 장면은 오드리 헵번이 발코니에서 기타를 잡고 중얼거리듯이 부른 장면입니다. 신비로운 곡의 느낌을 오드리 헵번이 잘 살렸다는 평을 받아 영화가 끝나자마자 레코딩에 들어가서 앨범 발매까지 이어졌습니다.

수상 발표와 동시에 앤디 윌리암스가 이 곡이 담긴 앨범을 발매하면서 밀리언셀러를 기록하였고, 한 해에 두 명의 뮤지션에 의해 발매되고 둘 다 밀리언셀러를 기록하게 만든 유명한 곡입니다.

가수 이야기

앤디 윌리암스는 1927년 12월 3일 미국 아이오아주에서 출생한 미국 대중가수입니다. 어린시절인 1938년, 3명의 형제들과 함께 4인조 그룹 Williams Brothers를 결성했고, 자신들의 라디오 쇼를 맡아 진행하면서 인기를 끌었습니다. 1952년에 그룹이 해산되고 1953년 솔로 활동을 시작했으며, 1956년 싱글앨범 〈Walk In Hand In Hand〉를 발표합니다.

감미로운 목소리와 편안한 음악스타일로 60년대 최고의 TV스타이자 인기가수였습니다. 또한 1962~1971년에는 TV 버라이어티 쇼 The Andy Williams Show를 진행하여 최고의 시청률을 올렸습니다. 그의 대표 히트곡으로는 Butterfly, Moon River, Danny Boy 등이 있습니다.

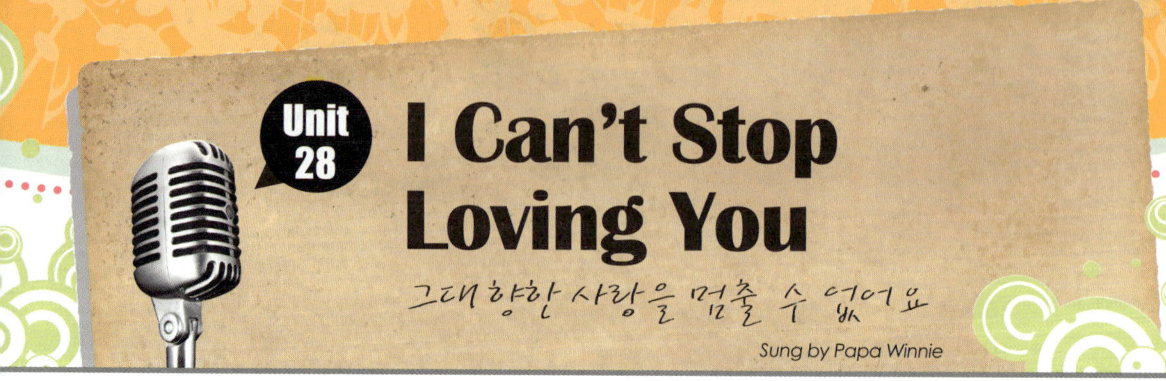

가사 익히기

노래를 들으며 가사를 차근차근 읽어보세요.

❶ I can't stop loving you.
❷ It's useless to say.
So I'll just live my life
in dreams of yesterday.

❸ Those happy hours that we once knew
So long ago, still make me blue.
They say that ❹ time heals a broken heart,
But ❺ time has stood still since we've been apart.

....

I can't stop loving you.
I've made up my mind
to live in memories
of old lonesome time.

I can't stop wanting you.
It's useless to say.
So I'll just live my life
in dreams of yesterday.

·······

······· Repeat

한글 해석

한글 가사를 읽으며 내용을 더 정확하게 이해하세요.

그대 향한 사랑을 멈출 수 없어요.
말을 해도 소용없어요.
그래서 난 그냥 내 인생을 살아갈래요.
지난날의 꿈속에 잠겨.

우리가 함께했던 그 행복했던 시간들
너무 오래전이지만 아직도 날 우울하게 하네요.
시간은 상심한 마음이 치유된다고 말하지만
우리가 헤어진 이후 시간은 멈춰버렸네요.

·······

그대 향한 사랑을 멈출 수 없어요.
난 결심했어요.
그 쓸쓸했던 시간을
추억으로 삼아 살 거예요.

그대 원하는 마음을 멈출 수 없어요.
말을 해도 소용없어요.
그래서 난 그냥 내 인생을 살아갈래요.
지난날의 꿈속에 잠겨.

·······

······· 반복

1 I can't stop loving you.

그대 향한 사랑을 멈출 수 없어요.

stop ~ing는 '~하는 것을 멈추다, 그만두다'라는 뜻입니다.
★ **Please stop chatting.** 잡담 그만 하세요.
   I will stop smoking this year. 올해는 담배를 끊을 거예요.

2 It's useless to say.

말을 해도 소용없어요.

useless와 같은 표현으로 of no use, not useful이 있습니다.
★ **It's no use crying over spilt milk.** 뒤늦게 후회해도 소용없다. (속담)

3 Those happy hours still make me so blue.

그 행복했던 시간들이 아직도 날 우울하게 만듭니다.

5형식 문장으로 [make+목적어+목적보어(형용사)]는 '~가 ~하게 만들다'라는 뜻입니다.
★ **You always make me happy.** 당신은 항상 나를 행복하게 합니다.

4 Time heals a broken heart.

시간은 상심한 마음을 치유한다.

시간이 모든 걸 해결한다는 말을 영어로 Time heals.라고 합니다. 여기서 heal은
'(병, 상처 등을) 고치다, 낫게 하다'라는 뜻으로 cure와 같은 뜻입니다.
★ **Time heals all wounds.** 시간이 약이다.

5 Time has stood still since we've been apart.

우리가 헤어진 이후 시간은 멈춰버렸어.

still은 형용사로 쓰이면 '가만히, 움직이지 않고'이며, 부사로 쓰이면 '아직도, 여전히'입니다. 이 문장은 현재완료의 계속적 용법으로 [have p.p since+주어+동사(과거)] '~한 이래로 ~해 왔다'라는 뜻입니다.

A: What are your New Year's ❶resolutions?

당신의 새해 결심은 뭐예요?

B: I've ❷made up my mind to study English hard. What about you?

저는 영어공부 열심히 하기로 마음먹었어요. 당신은 어때요?

A: I made a resolution to quit smoking.

저는 담배를 끊기로 결심했어요.

B: That's good, but it's not easy to ❸break a bad habit.

그것 좋군요. 하지만 나쁜 습관을 깨뜨리는 건 쉽지 않지요.

A: I know. But watch me, I will surely stop smoking this time.

알아요, 그러나 저를 지켜보세요. 이번에 담배를 확실히 끊을 거예요.

B: It's useless to say, but I hope you can ❹make it.

말해도 소용없겠지만, 그것을 해내길 바랍니다.

표현
익히기

❶ resolution은 '결심, 결의', make(take) a resolution은 '결심하다'입니다.

❷ [make up one's mind to+동사원형]은 '~하기로 마음먹다, ~을 결심하다'입니다.

❸ break a habit은 '습관을 깨뜨리다'인데, 같은 표현으로 kick a habit이 있습니다.

❹ make it은 '~을 해내다, 성공하다'입니다. 자주 쓰이는 문장으로 I made it. '나 해냈어, 성공했어.', Let's make it some other time. '다음 기회에 함께 합시다.' 등이 있습니다.

I Can't Stop Loving You

I can't stop loving you. It's useless to say.
아이 캔 스땁 러~빙 유 잇츠 유스릴스 투 쎄이

So I'll just live my life in dreams of yesterday.
쏘 아일 져슷 리브 마이 라잎 인 드림즈 오브 예스털데이

Those happy hours that we once knew
도오즈 해피 아우얼즈 댓 위 완스 뉴

So long ago, still make me blue.
쏘 롱 어고우 스틸 메잌 미 블루

They say that time heals a broken heart,
데이 쎄이 댓 타임 힐스 어 브로큰 할~트

But time has stood still since we've been apart.
밧 타임 해 스 뜌~ 스띨 씬스 위브 빈 어팔트

⋯⋯⋯
I can't stop loving you. I've made up my mind
아이 캔 스땁 러~빙 유 아이브 메이덥 마이 마인드

To live in memories of old lonesome time.
투 리브 인 메모리스 오브 올드 론썸 타임

I can't stop wanting you. It's useless to say.
아이 캔 스땁 원~팅 유 잇츠 유스릴스 투 쎄이

So I'll just live my life in dreams of yesterday.
쏘 아일 져슷 리브 마이 라잎 인 드림즈 오브 예스털데이
⋯⋯⋯

⋯⋯⋯ Repeat

MUSIC STORY

노래 이야기

연애가 끝난다고 해서 사랑이 끝나는 것은 아닙니다. 사랑하는 사람을 떠나 보냈지만 여전히 그 마음은 남아서 힘들 때가 더 많습니다. 이 노래가 바로 그런 마음을 노래하고 있습니다. 이별 후에도 사랑하는 사람을 잊지 못하고 그 사랑을 멈출 수 없어 함께 했던 지난날의 추억을 간직한 채 살아가겠다는 한 남자의 애절한 마음을 그린 곡으로, 많은 사람이 공감할 수 있는 내용을 묘사하고 있습니다. 이 노래는 파파 위니의 두 번째 히트작으로 빌보드 싱글차트 Remake 부문에서 5주 동안 1위를 기록했습니다.

가수 이야기

파파 위니는 팝 레게라는 장르를 새롭게 구축함으로써 레게음악의 대중화에 큰 몫을 담당한 가수입니다. 첫 아기를 가진 후 아버지가 되었다는 의미에서 친구들이 파파 위니라는 예명을 붙여 주었습니다.

카리브 해에 위치한 조그만 섬나라 자메이카의 전통음악인 레게는 네 박자의 단순한 형식으로, 듣기 편하고 경쾌한 댄스음악으로 인식하고 있는 사람이 많지만, 자메이카 흑인들이 겪어야 했던 경제적 고통과 인종차별을 고발하는 메시지가 담긴 저항 음악입니다.

밥 말리가 자메이카 저항 레게음악의 아버지였다면 파파 위니는 저항 음악이라기보다는 쉽고 재미있는 팝 레게라는 장르를 새롭게 구축함으로써 레게음악의 대중화에 큰 몫을 했습니다.

가사 익히기 노래를 들으며 가사를 차근차근 읽어보세요.

The falling leaves drift by the window.
The autumn leaves of red and gold.
I see your lips the summer kisses.
❶ The sunburned hands I used to hold.

❷ Since you went away, the days grow long.
And soon I'll hear old winter's song.
But ❸ I miss you most of all, my darling
❹ When autumn leaves start to fall.

Since you went away, the days grow long.
And soon I'll hear old winter's song.
But I miss you most of all, my darling
When autumn leaves start to fall.

 ## 한글 해석

한글 가사를 읽으며 내용을 더 정확하게 이해하세요.

낙엽이 떨어져 창가에 스쳐 지나가네.
붉은빛, 황금빛으로 물든 저 낙엽들을 보니
그대의 입술, 여름날의 입맞춤들
내가 잡았던 햇볕에 그을린 그 손이 그리워지네.

그대가 떠나버린 후, 하루하루가 길게만 느껴지네.
이제 곧 오랜 겨울 노래가 들려오겠지.
하지만 무엇보다도 난 그대가 그립습니다. 내 사랑이여.
나뭇잎이 떨어지기 시작할 때면.

그대가 떠나버린 후, 하루하루가 길게만 느껴지네.
이제 곧 오랜 겨울 노래가 들려오겠지.
하지만 무엇보다도 난 그대가 그립습니다. 내 사랑이여.
나뭇잎이 떨어지기 시작할 때면.

●● words

falling leaves
떨어지는 잎들(낙엽, 고엽)

drift 표류하다

sunburned hands
햇볕에 그을린 손

used to+동사원형
~하곤 했다

hold 잡다

went away
멀리 갔다, 사라졌다

grow long 길어지다

soon 곧

miss ~을 그리워하다

most of all 무엇보다도

핵심 문장 학습하기

실제 회화에서 활용되는 핵심 문장을 더 깊이 학습하세요.

1 The sunburned hands I used to hold.

내가 잡았던 햇볕에 그을린 그 손.

sunburned는 '햇볕에 탄'이며, [used to+동사원형]은 '~하곤 했다'로 과거의 규칙적인 습관이나 상태를 나타냅니다. 이 문장은 I used to hold the sunburned hands.을 도치해서 표현한 문장입니다.

★ **I used to play with my dog in the yard.** 난 뜰에서 개랑 놀곤 했어요.

2 Since you went away, the days grow long.

그대가 떠난 후, 하루하루가 길어지고 있어요.

since는 접속사로 '~이후에, ~한 후에'의 뜻으로 쓰였고, go away는 '멀리가다, 떠나다'의 뜻입니다. grow는 원래 '자라다'인데, [grow+형용사]로 쓰이면 '~하게 되다'라는 뜻으로 become과 같은 의미가 됩니다. 그러므로 the days grow long은 '날이 길어진다'라는 의미입니다.

3 I miss you most of all.

무엇보다도 난 당신이 그리워요.

most of all은 '무엇보다도, 모든 것 중에서 가장'이며, 같은 말로 above all '우선'이 있습니다.

★ **I am dying to see you.** 네가 보고 싶어 죽겠어.
I can't wait to see you. 네가 보고 싶어 못 견디겠어.

4 When autumn leaves start to fall.

낙엽이 떨어지기 시작할 때면.

fall은 명사로 '가을'이지만, 동사로는 '떨어지다, 넘어지다'라는 의미입니다. [start to+동사원형]은 '~하기 시작하다'입니다.

★ **It starts to rain.** 비가 내리기 시작했어.
It's starting to be cold. 추워지기 시작해요.

핵심 문장 활용하기

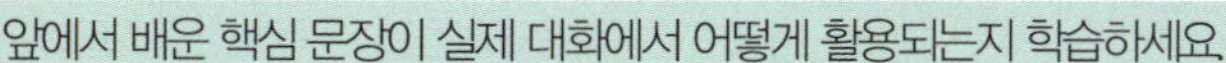

A: The autumn has come. It's ❶ **getting cool** at night.

가을이 왔어요. 밤에는 선선해지고 있어요.

B: Yes, that's right. ❷ **I'm happy with** this season. It's my favorite one.

네, 맞아요. 난 이 계절에 만족해요. 내가 가장 좋아하는 계절이거든요.

A: Really? I like fall, too. The weather is ❸ **pleasant**.

그래요? 나도 역시 가을을 좋아해요. 날씨가 쾌적하잖아요.

B: ❹ **In addition**, the autumn colors are very beautiful in Korea.

게다가 한국에 단풍은 무척 아름다워요.

A: Right! But I get lonely when autumn leaves start to fall.

맞아요. 하지만 낙엽이 떨어지기 시작하면 난 외로워져요.

B: You must miss your ❺ **ex-boyfriend**, huh?

당신은 헤어진 남자친구가 그립군요, 그렇죠?

표현 익히기

❶ [get+형용사]는 '~해지다, ~하게 되다'라는 의미입니다.
  ★ **I'm getting hungry now.** 이제 배고파져요.

❷ be happy with는 '~에 만족하다'로, be satisfied with와 같은 의미입니다.
  ★ **Are you happy with your school?** 너 학교생활에 만족하니?

❸ pleasant는 '(날씨가) 상쾌한, 좋은, 쾌적한'이라는 뜻입니다.

❹ in addition은 '게다가, 덧붙이면, 첨가하면'으로 besides와 같은 의미입니다.

❺ ex-는 '전임자, 전의'라는 뜻이므로, ex-boyfriend는 '헤어진 남자친구'입니다.
  ★ **He is my ex-husband.** 그는 저의 전남편이에요.

Autumn Leaves

The **falling leaves drift** by the window.
더 폴~링 리브즈 드리프트 바이 더 윈도우

The autumn leaves **of r**ed an**d** gol**d**.
디 오우럼 리브즈 오브 레드 앤 고올드

I see your lips the summer kisses.
아이씨 유어 립스 더 써머 키쎄~스

The sunburn**ed** hands I use**d to** hol**d**.
더 썬번~드 핸~즈 아이 유스투 홀~드

....

Since you wen**t** away, the days g**r**ow long.
씬스 유 웬 어웨이 더 데이즈 그로우 롱

An**d** soon I'll hear ol**d** win**ter**'s song.
앤 쑨 아일 히어 올드 윈널스 쏭

But **I miss you** mos**t of** all, my da**r**ling
바라이 미 슈 모스트 오브 올 마이 달~링

When au**tumn** leaves star**t to** fall.
웬 오우~럼 리브즈 스딸 투 폴

....

.... Repeat

MUSIC STORY

노래 이야기

가을이 되면 세계 어디서나 라디오에서 자주 들려오는 이 노래는 재즈의 명곡으로 알려져 있습니다. 짧은 한 편의 시를 노래로 옮겨 놓은 듯 긴 여운이 남는 노래입니다.

1945년에 발표된 이 곡은 프랑스 샹송 Les Feuilles Mortes이 원곡입니다. 헝가리 태생 피아니스트인 조셉 코스마가 롤랑 푸티의 발레 〈랑데부〉를 위해서 작곡한 멜로디인데, 1946년 프랑스 영화배우 이브 몽땅이 주연한 영화 〈밤의 문〉에서 직접 불러 유명해졌습니다.

이후 여러 가수들이 불러서 더욱 알려져 미국까지 흘러 들어왔고, 당시에 재즈를 하던 사람들이 이 노래를 즐겨 불러 재즈의 명곡으로 점차 자리매김하게 되었습니다. 여기서는 에릭 클랩튼의 목소리로 감상했습니다.

가수 이야기

에릭 클랩튼은 1945년 영국에서 태어났습니다. 영국의 기타리스트이자 싱어송라이터로 역사상 가장 영향력 있는 기타리스트 중 한 사람으로 꼽힙니다. 그는 롤링 스톤지가 선정한 100인의 가장 위대한 기타리스트 4위, 100인의 위대한 아티스트 53위에 올랐습니다.

그는 '살아있는 전설', '기타의 신'이라 불리며 록음악, 특히 블루스 록 분야에서 가장 위대한 음악가 중 한 사람으로 평가받고 있습니다. 최근 에릭 클랩튼은 아들의 죽음을 기리며 카리브 해의 앤티카라는 작은 섬에 7백만 달러를 들여 마약중독 치료센터를 짓고 마약 중독자들을 손수 돌보고 있습니다.

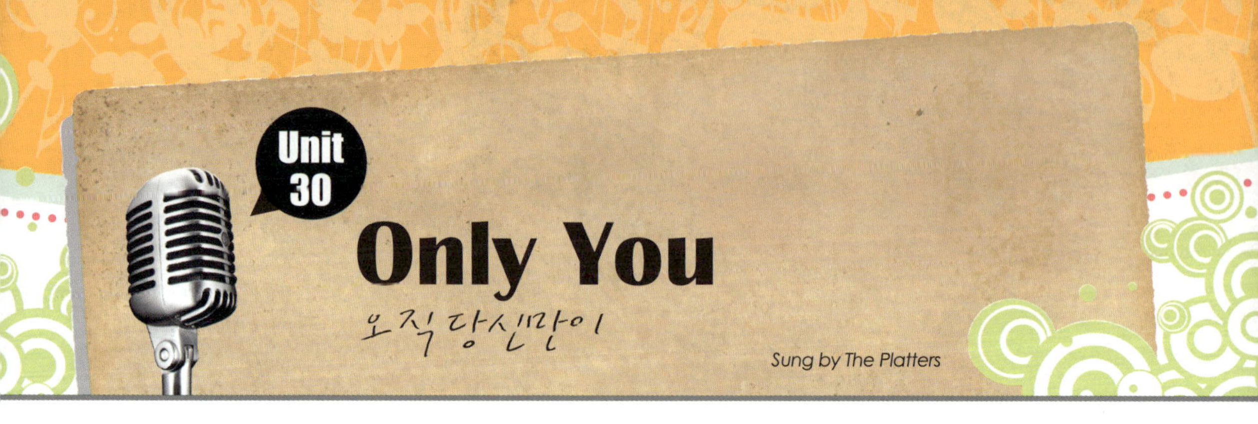

노래를 들으며 가사를 차근차근 읽어보세요.

❶ Only you can do make
Oh this world seem right.
❷ Only you can do make
The darkness bright.
Only you and you alone
Can thrill me like you do,
And fill my heart with love
For only you.

....

❸ Only you can do make
Oh this change in me.
For it's true, ❹ you are my destiny.
When you hold my hand
I understand the magic that you do.
❺ You're my dream come true.
My one and only you.

....

········ Repeat

오직 당신만이
이 세상을 올바르게 만들 수 있어요.
오직 당신만이
어둠을 밝게 만들 수 있어요.
오직 당신 혼자만이
나를 전율하게 할 수 있어요.
그리고 오직 당신만이
내 가슴을 사랑으로 채워줄 수 있어요.

....

오직 당신만이
내 안에 변화를 일으킬 수 있어요.
그게 사실이기에 당신은 내 운명이에요.
당신이 내 손을 잡으면
당신이 마술을 부린 것 같아요.
당신은 실현된 나의 꿈이에요.
내 사랑 오직 당신뿐

....

.... 반복

words

only 오직, 단지, 유일한

world 세상, 세계

right 올바른, 옳은
(↔ wrong 그른, 잘못된)

darkness 어둠

bright
밝은, 화창한(↔ dark)

thrill 몸을 떨리게 하다, 전율
을 느끼게 하다

destiny 운명, 숙명

hold 붙잡다

understand
이해하다, 알아듣다

magic 마법, 마술

come true
실현되다, 사실이 되다

fill ~with ~으로 채우다,
가득 채우다

❶ Only you can make this world seem right.

오직 당신만이 이 세상을 올바르게 만들어요.

[make+목적어+목적보어(동사원형)]는 5형식 문장으로 '~을 ~하게 만들다'라는 뜻입니다.
★ **You make me smile.** 당신은 나를 미소 짓게 만들어요.

❷ Only you can make the darkness bright.

당신만이 어둠을 밝혀줘요.

이 문장 또한 위와 같은 5형식 문장으로 '~을 ~하게 만들다'라는 뜻입니다. 여기서는 목적
보어 자리에 동사원형 대신 형용사가 왔습니다.
★ **You always make me happy.** 당신은 늘 나를 행복하게 해요.

❸ Only you can make this change in me.

오직 당신만이 내 안에 변화를 일으킬 수 있어요.

나를 변화시킬 수 있는 사람은 당신뿐이라는 말입니다.
★ **That's a change for the better.** 그것은 바람직한 변화입니다.

❹ You are my destiny.

당신은 나의 운명이에요.

destiny가 '운명'이라면, fate는 '(피할 수 없는) 숙명'이라는 뜻입니다.
★ **You are my life.** 당신은 내 인생이에요.

❺ You are my dream come true.

당신은 나의 실현된 꿈같은 존재예요.

이 문장은 You are my dream (which was) come true.에서 which was가 생략된 것으로, 당
신은 내가 꿈꿨던 사람인데 당신을 만나 그 꿈이 실현됐다는 뜻입니다.
★ **My dreams have came true.** 내 꿈은 실현됐어요.

A: Why do you study English so hard?

당신은 왜 그렇게 열심히 영어를 공부하세요?

B: I'd like to travel all over the world and ❶ **talk with** foreigners.

저는 전 세계를 여행하며 외국인과 대화하고 싶어요.

❷ **That's why**. How about you?

그게 이유예요. 당신은 어때요?

A: I'm interested in foreign cultures. So I want to learn about them.

저는 외국문화에 관심이 있어요. 그래서 그것을 배우고 싶어요.

B: We ❸ **have a lot in common**.

우린 공통점이 많군요.

I think language can help us understand the culture.

언어는 우리가 그 문화를 이해할 수 있게 도와준다고 생각해요.

A: I agree with you.

동감이에요.

B: Then let's study English together.

그럼 우리 함께 영어 공부합시다.

표현 익히기

❶ talk with는 '~와 얘기 나누다, 대화하다'라는 뜻입니다.
★ **Can I talk with you for a minute?** 당신과 잠시 얘기 좀 나눌 수 있을까요?

❷ 같은 표현으로 That's the reason, That's because.가 있습니다.

❸ have something in common은 '~에 공통점을 가지고 있다'라는 뜻입니다.
★ **We have nothing in common with each other.** 우린 서로 공통점이 아무것도 없어요.

Only you

Only you can do make this world seem right.
온~리 유 캔 두 메읔 디스 월~드 씸 롸읕

Only you can do make the darkness bright.
온~리 유 캔 두 메읔 더 달크니스 브랏읕

Only you and you alone can thrill me like you do,
온~리 유 앤 유 얼론 캔 쓰릴 미 라잌 유 두

And fill my heart with love for only you.
앤 필 마이 할~트 위드 러브 퍼 온리 유

· · · · · · ·

Only you can do make this change in me.
오온리 유 캔 두 메읔 디스 체인지 인 미

For it's true, you are my destiny.
퍼 잇츠 추루 유 알 마이 데스티니

When you hold my hand, I understand the magic that you do.
웬 유 홀드 마이 핸드 아이 언덜스땐 더 매직 댓 유 두

You're my dream come true. My one and only you.
유알 마이 드림 컴 츄루 마이 완 앤 오온리 유

· · · · · · ·

· · · · · · · Repeat

MUSIC STORY

노래 이야기

이 노래는 제목부터 내용까지 일관되게 상대방에게 사랑을 고백하고 있습니다. 오직 당신만이 이 세상을 올바르게 만들고, 어둠을 밝게 비춰주고, 나를 떨리게 하며, 나를 변화시킬 수 있는 사람이라고 고백하는 이 노래는, 사랑하는 사람에게 불러주기 좋은 노래입니다.

가수 이야기

미국의 보컬그룹 플래터스는 1953년에 결성되어 50년대를 풍미한 R&B 그룹입니다. 1953년 사업가이자 작곡가인 벽 램에 의해 결성된 이 흑인그룹의 최초 멤버는 토니 윌리엄스(리드 테너), 데이비드 린치(테너), 알렉스 하지(바리톤), 허브 리드(베이스) 등이었습니다. 이후 폴 로비(바리톤)가 알렉스의 자리를 대신하고, 졸라 테일러(콘트랄토)가 합류했습니다.

첫 음반이 실패한 뒤 머큐리 레코드사와 새로 계약했는데, 1955년 Only you가 히트하여 빌보드 차트 5위에 올랐습니다.

Top Of The World
세상의 꼭대기

Sung by Carpenters

가사 익히기 노래를 들으며 가사를 차근차근 읽어보세요.

❶ Such a feeling's comin' over me.
❷ There is wonder in most everything I see.
Not a cloud in the sky,
Got the sun in my eyes.
And I won't be surprised if it's a dream.
Everything I want the world to be
Is now coming true especially for me.
And ❸ the reason is clear.
It's because you are here.
❹ You're the nearest thing to heaven that I've seen.

....

I'm on the top of the world looking
Down on creation
And the only explanation I can find
Is the love that I've found
Ever since you've been around.
❺ Your love's put me at the top of the world.
....

Something in the wind has learned my name
And it's telling me that
things are not the same.
In the leaves on the trees
And the touch of the breeze
There's a pleasin' sense of happiness for me.
There is only one wish on my mind.
When this day is through I hope that I will find
That tomorrow will be just the same
For you and me.
All I need will be mine if you are here.

········ Repeat

한글 해석

한글 가사를 읽으며 내용을 더 정확하게 이해하세요.

그런 좋은 느낌이 드네요.
보이는 모든 것이 놀라울 따름이에요.
하늘엔 구름 한 점 없고, 태양은 내 눈에서 반짝여요.
그게 꿈이라 해도 난 놀라지 않을 거예요.
내가 원하는 세상의 모든 것들이
특히 날 위해 이제 현실로 이루어지고 있어요.
그 이유는 분명해요. 당신이 여기 내 곁에 있기 때문이죠.
당신은 내가 본 것 중 천국에 가장 가까이에 있는 존재예요.

········

난 세상의 꼭대기에서
세상 아래를 내려다보고 있는 것 같이 최상의 기분이에요.
그것을 설명할 수 있는 유일한 것은
당신이 내 곁에 있어준 이후, 내가 알게 된 사랑 때문이에요.

당신의 사랑이 날 세상의 꼭대기에 올려놓은 거예요.

········

바람 속의 무언가가 날 알아차리고
상황이 예전과 같지 않다고 내게 알려주네요.
나무 위에 나뭇잎들에도
산들바람의 숨결 속에도
즐거운 행복감 느껴지네요.
내 마음에 한 가지 소망이 있어요.
오늘이 지나가도 내가 바라는 것은
당신과 나의 사랑이 내일도 오늘과 같은 거예요.
당신이 여기 내 곁에 있다면
그게 내가 필요한 모든 거예요.

········ 반복

① Such a feeling's comin' over me.

그런 좋은 느낌이 들어요.

come over me는 '내게 다가오다, 엄습해오다, 일어나다'라는 뜻이고, 이 문장에서 comin'은 coming의 줄임말로 노래에서 흔히 사용합니다.

② There is wonder in most everything I see.

보이는 모든 것이 놀라울 따름이에요.

이 말은 기분이 좋아서 모든 게 멋지고 아름다워 보인다는 뜻입니다. wonder는 명사로 '놀라움, 경이로움, 기적, 감탄'이라는 뜻입니다.

③ The reason is clear. It's because you are here.

그 이유는 분명해요. 당신이 여기 내 곁에 있기 때문이죠.

[It's because(why)+주어+동사]는 '그것은 ~때문이다'입니다.
★ **You are very kind and friendly. It's because I like you.**
당신은 참 친절하고 다정해요. 그게 내가 당신을 좋아하는 이유예요.

④ You're the nearest thing to heaven that I've seen.

당신은 내가 본 것 중 천국에 가장 가까이 있는 사람이에요.

당신을 만나고 나서야 천국 같은 기분을 맛보았다는 말입니다.

⑤ Your love's put me at the top of the world.

당신의 사랑이 날 세상의 꼭대기에 올려놓았어요.

on the top of the world는 구어체로, '만족의 절정에 있어, 최고의 기분으로'라는 의미입니다.
★ **I feel on the top of the world.** 나 기분 최고야.

A: Hi, Kim. How are you today?
안녕하세요, 김. 오늘 어떠신가요?

B: ❶**I feel like a million dollars**.
날아갈 듯 기분 좋아요.

A: Did anything good happen to you?
뭐 좋은 일이라도 생겼어요?

B: Yeah, I ❷**got the promotion** today.
네, 저 오늘 승진했어요.

A: Oh, congratulations. You must feel on top of the world.
오, 축하합니다. 틀림없이 최고의 기분이겠네요.

B: Thank you. I will ❸**treat** you tonight.
고마워요. 오늘밤 제가 한턱낼게요.

표현 익히기

❶ 직역하면 '백만장자가 된 기분이다'로, 기분이 너무 좋아 날아갈 것 같다는 뜻입니다. 같은 표현으로 I am in excellent health and spirits, I feel like a million.이 있습니다.

❷ get a(the) promotion 혹은 get promoted는 '승진하다'라는 의미입니다.
★ **I got promoted today.** 나 오늘 승진했어요.

❸ treat는 '대접하다, 대우하다'로, I'm treating. '내가 낼게요.' 등으로 활용됩니다.
★ **I'm buying.** 내가 살게요.
★ **It's on me.** 그거 내가 낼게요.
★ **I'll pick up the tab.** 내가 계산할게요.

Top Of The World

Such a **feeling's** comin' o**ver** me.
서치 어 필링스 커민 오버 미

The**re** is wonde**r** in mos**t** every**th**ing I see.
데어 이즈 원더 인 모스트 에브리씽 아이 씨

Not a cloud in the sky,
나 러 클라운 인 더 스까이

Go**t** the sun in my eyes
갓 더 썬 인 마이 아이즈

An**d** I won'**t** be surprise**d** **if it's a** dream.
앤 아 웡 비 써프라이즈 이프 잇처 드림

Every**th**ing I wan**t** the wor**ld** to be
에브리씽 아이 원트 더 월~드 투 비

Is now comin' true especially **for** me.
이즈 나우 커민 추루 이스페셜리 포 미

And the **reason** is clear.
앤 더 리즌 이즈 클리어

It's because you a**re** here.
잇츠 비코오즈 유 아 히어

You'**re** the neares**t th**ing to hea**ven** that I'**ve** seen.
유아 더 니어리스트 씽 투 헤븐 댓 아이브 씬

....

I'm on the top **of** the wor**ld** lookin' down on creation
아임 온 더 탑 오브 더 월~드 루킨 다운 온 크레이션

An**d** **the** only explanation I can fin**d**
앤 디 온니 엑스플레네이션 아이 캔 파인

Is the lo**ve** tha**t** I'**ve** foun**d**
이즈 더 럽 댓 아이브 파운드

Ever since you'**ve** been aroun**d**.
에버 씬스 유브 빈 어라운드

Your love's pu**t** me at the top **of** the wor**ld**.
유어 럽즈 풋 미 엣 더 탑 오브 더 월~드

....

Some**th**ing in the win**d** has lear**ned** my name
썸씽 인 더 윈드 해즈 런~드 마이 네임

An**d** it's telling me tha**t** **th**ings a**re** not the same.
앤 잇츠 텔링 미 댓 씽즈 아 낫 더 쎄임

In the lea**ves** on the trees
인 더 리브즈 온 더 추리즈

An**d** the touch **of** the breeze
앤 더 터치 오브 더 브리즈

There's a pleasin' sense **of** happiness **for** me.
데얼즈 어 플리징 쎈스 오브 해피니스 퍼 미

The**re** is only one wish on my min**d**.
데어 이즈 온니 원 위시 온 마이 마인드

When this day is **through**
웬 디스 데이 이즈 쓰루

I hope **that** I will fin**d**
아이 홉 대 라이 윌 파인드

Tha**t** tomorrow will be jus**t** the same for you an**d** me.
댓 투머로우 윌 비 져슷 더 쎄임 포 유 앤 미

All I nee**d** will be mine **if you** are here.
올 아이 니드 윌 비 마인 이퓨 아 히어

.... Repeat

MUSIC STORY

노래 이야기

사랑을 하고 있는 사람이 세상에 가장 행복한 사람이라고 하는데 이 노래가 딱 그 기분을 표현하고 있습니다. 사랑하는 사람이 곁에 있어 너무나 행복한 느낌을 자신이 세상 꼭대기에 있는 것 같다고 노래합니다. 너무나 행복해서 상대방이 천국에 가장 가까이에 있는 사람 같다고 말합니다. 즉, 천국에 있는 것처럼 행복하다는 뜻입니다.

가수 이야기

카펜터스는 70년대 미국에서 활동한 남매 혼성 듀엣가수입니다. 드럼과 리드보컬을 담당한 여동생 카렌 카펜터는 맑고 깨끗한 음색이 매력적이며, 오빠인 리처드 카펜터는 피아노와 코러스를 담당했습니다. 1900년 카펜터스 1집 〈Ticket to Ride〉로 데뷔했고, 1973년 발표한 〈Top Of The World〉가 인기순위 1위까지 올랐습니다. 한국에서도 아주 큰 사랑을 받고 있습니다. 안타깝게도 1983년 2월 4일 동생 카렌 카펜터가 사망하여 해체되었습니다.

The Water Is Wide

바다가 너무 넓어서

Sung by Karla Bonoff

가사 익히기

노래를 들으며 가사를 차근차근 읽어보세요.

....

The water is wide, I can't cross over.
❶ And neither have I wings to fly.
Give me a boat that can carry two
And both shall row, my love and I.

....

❷ Oh, love is gentle and love is kind.
❸ The sweetest flower when first it's new.
But love grows old and waxes cold
And fades away like morning dew.

There is a ship and she sails to sea.
❹ She's loaded deep as deep can be.
But not as deep as the love I'm in
❺ I know not how I sink or swim.

······· Repeat

한글 해석

한글 가사를 읽으며 내용을 더 정확하게 이해하세요.

·······

바다가 너무 넓어서 건널 수 없어요.
난 날아갈 날개도 없어요.
두 사람이 탈 수 있는 배 한 척만 주세요.
내 사랑과 내가 노 저어 건널 거예요.

·······

아, 사랑은 부드럽고 사랑은 온유한 것.
사랑이 처음 싹틀 때 가장 향기로운 꽃을 피우죠.
그러나 사랑도 나이가 들면 차갑게 식어
아침이슬처럼 사라집니다.

넓은 바다를 항해하는 배가 한 척 있어요.
그 배에는 짐이 가득 깊이 실려 있어요.
하지만 내가 빠져있는 사랑만큼 깊지는 않아요.
어떻게 해야 할지 모르겠어요. 가라앉거나 건너가겠죠.

······· 반복

1 And neither have I wings to fly.

나는 날아갈 날개도 없어요.

neither는 주로 neither~ nor로 쓰이며 '~도 또한 아니다'라는 뜻입니다. 문장에서 not~ either와 같은 의미이며 위 문장은 I don't have wings to fly, either. '나는 날개도 역시 없다.' 라는 말입니다.

★ **I have neither time, nor money to do that.** 나는 그것을 할 만한 시간도, 돈도 없다.

2 Oh, love is gentle and love is kind.

아, 사랑은 부드럽고 사랑은 온유한 것이에요.

★ **Love makes all hearts gentle.** 사랑은 모두의 마음을 부드럽게 한다.

3 The sweetest flower when first it's new.

사랑이 처음 싹틀 때 가장 향기로운 꽃을 피워요.

이 문장을 쉽게 바꿔 표현하면 Love is the sweetest flower when first it's new.로, 사랑을 꽃 에 비유하고 있습니다.

4 She's loaded deep as deep can be, but not as deep as the love I'm in.

그 배는 짐이 가득 깊이 실려 있지만, 내 사랑만큼 깊지는 않아요.

she는 배를 가리키며, 배에는 짐이 가득 깊이 실려 있어 바닷속 깊이 가라앉아있지만 내가 빠져있는 사랑만큼 깊지는 않다는 뜻입니다. 즉, 내 사랑이 더 깊다는 말이죠.

★ **I'm in love with her.** 나는 그녀와 사랑에 빠졌어요.

5 I know not how I sink or swim.

난 어떻게 해야 할지 모르겠어요. 가라앉거나 건너가겠죠.

I know not how는 다시 말하면 I don't know how '난 어떻게 해야 할지 모른다'입니다. sink or swim은 직역하면 '물에 빠지느냐, 혹은 수영해서 건너가느냐'로, '죽기 아니면 살기' 라는 뜻으로 회화에서 잘 쓰이는 표현입니다.

★ **Sink or swim, I will try.** 죽이 되든 밥이 되든 한 번 해볼 거야.

 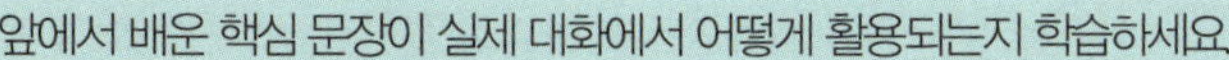

A: I've just started a new business.

난 막 새로운 사업을 시작했어.

B: Good for you! But things are not good these days, though.

잘됐구나. 하지만 요즘 상황이 좋지는 않아.

A: I know, but ❶ **it's sink or swim**. I'll just ❷ **do my best**.

나도 알아. 하지만 죽기 살기로 해야지. 난 그저 최선을 다해볼 거야.

B: I hope you will ❸ **make it**. ❹ **I will keep my fingers crossed for you**.

네가 잘 해내길 바래. 너를 위해 행운을 빌어줄게.

A: Thank you.

고마워.

B: Don't mention it. ❺ **Feel free to ask** me for help anytime.

별말씀을. 언제든지 주저 없이 내게 도움을 요청해.

표현 익히기

❶ 죽든 살든 알아서 해야 하는 처지에 있다는 말입니다.

❷ do one's best는 '최선을 다하다'라는 뜻입니다.

❸ make it은 '해내다, 성공시키다'입니다.
   ★ **I made it.** 내가 해냈어, 됐어.

❹ 두 손 모아 잘되길 기도한다는 의미로, I will cross my fingers for you.와 같은 표현입니다.

❺ [feel free to+동사원형]은 '자유롭게(주저 없이) ~하라'는 의미입니다.
   ★ **Don't hesitate to ask me for help anytime.** 망설이지 말고 언제든지 도움을 요청하세요.

실제 소리 나는 대로 적힌 한글 발음을 보며 여러 번 따라 불러보세요.

The Water Is Wide

·······

The **wa**t**er** is wi**de**, I can'**t** cross o**ver**.
더 워~러 이즈 와이드 아이 캔 크로스 오버

An**d** nei**ther** ha**ve** I wings to **f**ly.
앤 니덜 해브 아이 윙스 투 플라이

Gi**ve** me a boa**t** tha**t** can carry two
깁 미 어 보트 댓 캔 캐리 투

An**d** bo**th** shall **r**ow, my lo**ve** an**d** I.
앤 보쓰 쉘 로우 마이 러브 앤 아이

·······

Oh, lo**ve** is gen**tle** an**d** lo**ve** is kin**d**.
오, 러브 이즈 제늘 앤 러브 이즈 카인

The swee**tes**t **f**low**er** when **fir**s**t** it's new.
더 스윗리스트 플라워 웬 퍼스트 잇츠 뉴

Bu**t** lo**ve** grows ol**d** an**d** waxes col**d**
밧 러브 그로우즈 올드 앤 왁씨즈 코올드

An**d** **fa**des away like morning dew.
앤 페이즈 어웨이 라이크 모~닝 듀~

The**re** **is** a ship an**d** she sails to sea.
데어 리즈 어 쉽 앤 쉬 쎄일즈 투 씨

She's load**ed** deep as deep can be
쉬이즈 로디드 디입 애즈 디입 캔 비

Bu**t** not as deep as the lo**ve** I'm in
밧 낫 애즈 디입 애즈 더 러브 아엠 인

I know not how I sink **or** swim
아이 노우 낫 하우 아이 씽크 오얼 수임

······· Repeat

MUSIC STORY

노래 이야기

원곡은 아일앤드의 민요로, 19세기 중엽 잉글랜드가 아일랜드를 강제 이주시킨 것에 반발해 민중시위를 일으킨 아일랜드의 상황을 묘사한 시입니다. 이 노래는 국내 드라마 〈두려움 없는 사랑〉의 삽입곡으로 드라마의 인기와 더불어 큰 사랑을 받았습니다. 투명한 어쿠스틱 기타 반주에 애수가 깃든 목소리는 한국인의 취향에 잘 맞아떨어집니다.

가수 이야기

칼라 보노프는 1951년 미국 로스엔젤래스 태생의 포크 싱어송라이터입니다. 아름다운 멜로디와 서정적인 발라드곡 The water is wide로 잘 알려진 그녀는 15세의 어린 나이에 작곡가로 데뷔할 만큼 뛰어난 음악적 재능이 있었습니다. 1960년대 자신의 친언니와 함께 인근 클럽 가에서 활동하며 명성을 쌓았습니다.

1977년 데뷔음반을 발표하여 I can't hold on이 히트했으며, Someone to lay down beside me 또한 인기를 얻었습니다. 1979년에 발표한 두 번째 앨범 〈Restless Nights〉에는 국내에 가장 잘 알려진 아일랜드 민요 The water is wide가 수록되어 있습니다.

Unit 33 I've Been Away Too Long

너무 오래 떨어져 있었어요

Sung by George Baker Selection

가사 익히기

노래를 들으며 가사를 차근차근 읽어보세요.

❶ How can I say to you
I love somebody new.
❷ You were so good to me always.
And when I see your eyes
I can't go on with lie.
❸ It breaks your heart,
But I just can't hide it, oh no.

....

I, I've been away too long.
Now I just can't go on.
I've been away too.
I, I've been away too long.
Now I can't feel so strong.
I've been away too long.

....

④ Don't look that way to me.
It hurts you so I see.
But I just can't go on with lie.
I gave you all I have.
So there is nothing left.
I may be wrong.
But ⑤ I'd better go now, oh no.

······ Repeat

한글 해석

한글 가사를 읽으며 내용을 더 정확하게 이해하세요.

당신에게 어떻게 말해야 할까요?
다른 사람을 사랑하게 되었다고.
당신은 항상 내게 너무 잘해주었어요.
당신의 눈을 보면
거짓말을 계속할 수가 없어요.
당신의 마음을 아프게 하겠지만
더 이상 숨길 수는 없어요. 오 저런.

·······

내가 너무 오래 떨어져 있었나 봐요.
이젠 계속 못 하겠어요.
내가 너무 오래
내가 너무 오래 떨어져 있었나 봐요.

이젠 그렇게 강한 느낌도 없어요.
너무 오래 떨어져 있어서 그런가 봐요.

·······

날 그런 식으로 보지 마세요.
당신의 마음이 아프다는 걸 난 알아요.
그저 계속 거짓말을 할 수 없을 뿐이에요.
내가 가진 모든 것을 당신께 줬어요.
그래서 남은 것은 아무것도 없어요.
내가 잘못된 건지도 모르겠지만
나는 이제 떠나는 게 좋겠어요.

······· 반복

1 How can I say to you?

당신에게 어떻게 말해야 할까요?

상대방에게 말하기 곤란하거나 어려운 얘기를 해야 할 때 사용하는 표현입니다.

★ **I don't know what to say.** 뭐라고 말해야 할지 모르겠어요.
How can you say that to me? 네가 어떻게 나에게 그렇게 말할 수 있어?

2 You were so good to me always.

당신은 늘 내게 잘해줬어요.

[be good/nice to+사람]은 '~에게 잘하다'라는 뜻입니다.

★ **You were always nice to me.** 당신은 항상 내게 잘해줬어요.
Be nice to others. 다른 사람들에게 잘해라.

3 It breaks your heart.

그것이 당신의 마음을 아프게 하겠죠.

break one's heart는 '~의 마음에 상처를 주다'라는 의미입니다.

★ **You broke my heart.** 넌 내 마음을 아프게 했어.
My heart is broken. 난 상처 입었어요.

4 Don't look that way to me.

그런 식으로 날 보지 마세요.

Don't look at me in that way.와 같은 의미입니다. 누군가가 여러분을 못마땅한 눈빛으로 바라볼 때 사용할 수 있는 표현입니다.

5 I'd better go now.

내가 이제 떠나는 게 좋겠어요.

[had better+동사원형]은 '~하는 게 낫다, ~하는 게 좋겠다'라는 의미입니다.

★ **I'd better leave now.** 이제 가는 게 좋겠어요.

핵심 문장 활용하기

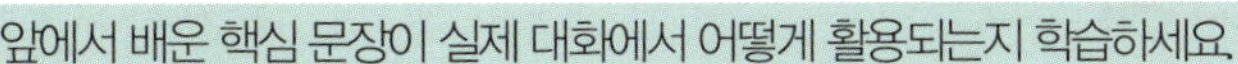

A: Sorry I am late. I was caught in a ❶ **traffic jam** ❷ **on my way here**.

늦어서 미안해요. 여기 오는 길에 교통체증에 걸렸어요.

B: You always have the same excuse.

당신은 늘 같은 변명을 하시는군요.

A: Don't look that way at me. It's true.

그런 식으로 날 보지 말아요. 사실이에요.

You know the traffic is very heavy at this time of the day.

하루 중 이 시간쯤엔 교통이 아주 혼잡한 거 알잖아요.

B: I know. You ❸ **should have started** earlier.

알아요. 당신이 더 일찍 출발했어야죠.

A: All right. I won't be late again. Please ❹ **forgive** me this time.

좋아요. 다시는 늦지 않을게요. 이번만 용서해 주세요.

B: Okay, but it's the last time.

알았어요. 하지만 이번이 마지막이에요.

표현 익히기

❶ traffic jam은 '교통체증, 교통혼잡'을 말하며, 같은 표현으로 traffic congestion이 있습니다.
   ★ **The traffic is very heavy.** 교통이 매우 혼잡해요.

❷ [on one's way to+장소]는 '~가는 길에, ~가는 도중에'라는 의미입니다.
   ★ **I'm on my way to school now.** 난 지금 학교에 가는 길이에요.

❸ [should have+p.p]는 '~했어야만 했는데'로, 과거 사실에 대한 후회나 비난을 표현할 때 사용합니다.

❹ forgive는 '용서하다, 너그럽게 봐주다'라는 뜻입니다.
   ★ **Please forgive me.** 용서해주세요.

I've Been Away Too Long

How can I say to you. I love somebody new.
하우 캔 아 쎄이 투 유 아이 럽 써엄바~디 뉴

You were so good to me always.
유 워 쏘 굿 투 미 올웨이즈

And when I see your eyes. I can't go on with lie.
앤 웬 아이 씨 유어 아이즈 아 캔 고우 온 윗 라이

It breaks your heart, but I just can't hide it. Oh, no.
잇 브레잌스 유어 하~알 버라이 저슷 캔 하이딧 오우 노우

． ． ． ． ． ． ．

I, I've been away too long. Now I just can't go on.
아이 아 빈 어웨이 투 롱 나우 아이저슷 캔 고 온

I've been away too long. I, I've been away too long.
아 빈 어웨이 투 롱 아이 아 빈 어웨이 투 롱

No, I can't be so strong. I've been away too long.
노 아 캔 비 쏘 스트롱 아 빈 어웨이 투 롱

． ． ． ． ． ． ．

Don't look that way to me. It hurts you, so I see.
돈 룩 댓 웨이 투 미 잇 헐~ 츄 쏘아이 씨

But I just can't go on with lie. I gave you all I had.
버라이 저슷 캔 고우 온 윗 라이 아이 게이뷰 올 아이 햇

So there is nothing left. I may be wrong.
쏘 데~어리즈 낫~씽 래프트 아이 메이 비 롱

But I better go now. Oh, no.
바라이 배러 고우 나우 오우 노우

． ． ． ． ． ． ． Repeat

MUSIC STORY

노래 이야기

이 곡은 사랑하는 여인과 너무 오래 떨어져 있어서 다른 사람을 사랑하게 된 한 남자가 더 이상 거짓으로 관계를 유지할 수 없어서 그녀에게 상처가 되지만 떠나야겠다고 이별을 고하는 노래입니다. Out of sight, out of mind. '눈에서 멀어지면 마음에서 멀어진다.'는 속담이 딱 어울리는 노래입니다.

가수 이야기

네덜란드의 싱어송라이터이며 대표적인 6인조 혼성그룹 조지베이커 셀렉션은 1967년에 밴드활동으로 음악을 시작했습니다. 1970년 3월 〈Little Green Bag〉으로 네덜란드에서 데뷔하여 히트를 했고, 미국 및 다른 나라에서도 큰 사랑을 받은 네덜란드에서 가장 성공한 가수 겸 작곡가입니다. 국내에서는 '비에 젖은 비둘기'라는 이름으로 번안되어 불렸습니다.

특히 I've been away too long은 1976년 그들의 다섯 번째 음반에 수록된 곡으로, 차트에도 올라가지 않고 외국에서는 잘 알려지지 않은 곡인데 유독 한국 팬들에게 많은 사랑을 받고 있는 노래입니다.

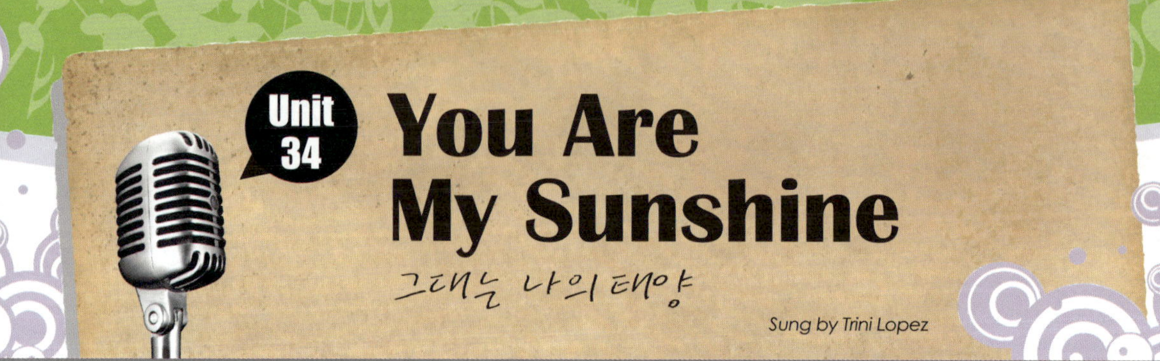

노래를 들으며 가사를 차근차근 읽어보세요.

You are my sunshine, my only sunshine.
❶ You make me happy when skies are gray.
❷ You'll never know dear, how much I love you.
Please don't take my sunshine away.

The other night dear, as I lay sleeping
I dreamed I held you in my arms.
But when I awoke, dear, ❸ I was mistaken
And I hung my head and I cried.

······ Repeat

I'll always love you and make you happy,
If you will only say the same.
But if you leave me to love another,
❹ You'll regret it all some day.

······ Repeat

You told me once, dear, you really loved me.
And ❺ no one else could come between.
But now you've left me and love another.
You have shattered all of my dreams.

······ Repeat

한글 해석

한글 가사를 읽으며 내용을 더 정확하게 이해하세요.

······

그대는 나의 태양, 나의 유일한 태양이에요.
슬픔으로 하늘이 회색빛이 되었을 때 날 행복하게 해줘요.
내가 얼마나 사랑하고 있는지 그대는 모르시겠죠.
제발 나의 태양을 빼앗지 말아 주세요.

······

어느 날 밤 누워 잠을 자고 있는데
나는 당신을 품에 안고 있는 꿈을 꾸었어요.
하지만 잠에서 깨어보니, 내가 착각했다는 걸 알았어요.
난 고개를 숙이고 울고 말았어요.

······ 반복

당신을 언제나 사랑하고 행복하게 해줄게요.
당신이 나처럼 똑같은 말을 해준다면
하지만 다른 사람을 사랑하게 되어 날 떠난다면,
당신은 언젠가 모든 걸 후회하게 될 거예요.

······ 반복

언젠가 당신은 나를 정말로 사랑한다고 말했죠.
아무도 우리 사이에 끼어들 수 없을 거라고 했어요.
하지만 지금 당신이 날 떠나 다른 사람을 사랑하게 되었네요.
당신이 내 모든 꿈을 산산이 부서뜨렸어요.

······ 반복

핵심 문장 학습하기

실제 회화에서 활용되는 핵심 문장을 더 깊이 학습하세요.

1 You make me happy when skies are gray.

하늘이 회색빛으로 우울할 때 당신은 날 행복하게 만들어요.

when skies are gray '하늘이 회색빛일 때'는 우울할 때나 슬플 때를 말합니다. 이 노래의 제목 You are my sunshine. '당신은 나의 태양입니다.'는 상대방이 내 행복의 근원이라는 의미로 자주 쓰이는 표현입니다.

2 You'll never know dear, how much I love you.

당신은 내가 얼마나 당신을 사랑하는지 결코 모를 거예요.

당신을 아주 많이 사랑한다는 뜻입니다.

★ **My mother doesn't know how much I love her.**
엄마는 내가 얼마나 엄마를 사랑하는지 몰라요.

3 I was mistaken.

내가 착각했어요.

mistaken은 형용사로 '잘못 생각하고 있는, 오해한, 틀린'입니다. 위 문장을 의역하면 '꿈이었을 뿐이었는데, 현실인 줄 착각했었다.'입니다.

★ **Please correct me if I am mistaken.** 잘못되었으면 정정해 주세요.

4 You'll regret it all some day.

당신은 언젠가 모든 걸 후회하게 될 거예요.

regret은 동사로 '후회하다, 뉘우치다', 명사로 '후회, 유감'입니다. some day는 '(미래의) 언젠가', one day는 '(과거의) 언젠가'입니다.

★ **I have no regret.** 난 후회하지 않아요.

5 No one else could come between.

아무도 우리 사이에 끼어들 수 없을 거예요.

come(stand) between은 '사이에 끼어들다, 사이를 갈라놓다'라는 뜻으로, 위 문장은 그 정도로 우리의 사랑이 굳건하다는 말입니다.

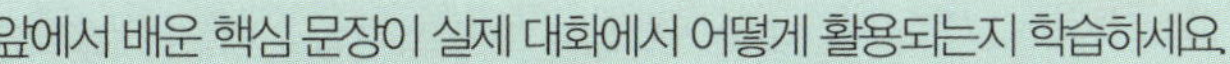

A: ❶ **This is for you**, Sara.

사라, 이것은 당신에게 드리는 것입니다.

B: What ❷ **a bunch of** beautiful flowers! What's the ❸ **occasion**?

어머나 아름다운 꽃다발이군요! 무슨 특별한 날인가요?

A: It's ❹ **a token of** my love. You'll never know how much I love you.

그것은 내 사랑의 표현입니다. 내가 얼마나 당신을 사랑하는지 모를 겁니다.

B: Oh, thank you so much. You make me happy.

아, 정말 고마워요. 당신은 날 행복하게 만드는군요.

A: Will you marry me?

나와 결혼해줄래요?

B: Marry you? Well, I'm not ready to get married yet.

당신과 결혼을요? 글쎄, 난 아직 결혼할 준비가 되지 않았어요.

표현 익히기

❶ 같은 표현으로 It's for you, I have something for you. 등이 있습니다.

❷ a bunch of는 '한 다발의, 한 송이의'라는 의미입니다.
★ **I ate a bunch of grapes for dessert.** 난 후식으로 포도 한 송이를 먹었어.

❸ occasion은 '특별한 경우(때), 특별한 날'이라는 뜻입니다.

❹ a token of는 '~의 표시(상징)이다'라는 의미입니다.
★ **It's a token of my appreciation.** 그것은 제 감사의 표시예요.
★ **It's a token of my thanks.** 그것은 제 감사의 표시예요.

You Are My Sunshine

You a**re** my sunshine, my only sunshine.
유 아 마이 썬~사인 마이 온리 썬~사인

You make me happy when skies a**re** gray.
유 메익 미 해~피 웬 스까이즈 아 그레이

You'll ne**ver** know dear, how much I lo**ve you**.
유 윌 네버 노~우 디어 하우 머치 아일 러~뷰

Please don'**t** take my sunshine away.
플리즈 돈 테익 마이 썬사인 어웨이

The other nigh**t** dear, as I lay sleeping
디 아덜 나~잇 디어 애즈 아이 레이 슬리핑

I dream**ed** I hel**d you** in my arms.
아이 드림드 아이 헬~쥬 인 마이 아암즈

Bu**t** when I awoke, dear, I was mistaken
밧 웬 아이 어워~크 디어 아이 워즈 미스테이큰

An**d** I hung my hea**d** an**d** I cri**ed**.
앤 아이 형 마이 핻 앤 아이 크라잍

······ Repeat

I'll always lo**ve you** an**d** ma**ke you** happy,
아일 올웨이즈 러뷰 앤 메익 큐 해~피

If you will only say the same.
이 퓨 윌 온니 쎄이 더 쎄~임

Bu**t if you** lea**ve** me to lo**ve** anoth**er**,
밧 이 퓨 리~브 미 투 럽~ 어나~덜

You'll regre**t it** all some day.
유일 리그레~릿 올 썸 데이

······ Repeat

You tol**d** me once, dea**r**, you **really** lov**ed** me.
유 톨드 미 원스 디어 유 리얼리 러브드 미

An**d** no one else coul**d** come between.
앤 노 원 엘스 쿨드 컴 비~튄~

Bu**t** now you'**ve** left me an**d** love anoth**er**.
밧 나우 유브 레프트 미 앤 러브 어나~더

You ha**ve** shatt**er**ed all **of** my dreams.
유 해브 쉐~럳드 올 오브 마이 드림~즈

······ Repeat

MUSIC STORY

노래 이야기

한국 영화 〈너는 내 운명〉의 O.S.T로 사용되어 많은 사랑을 받은 이 노래는 1940년에 지미 데이비스와 찰스 미첼이 합작한 노래입니다. 실연을 노래하지만 곡조는 의외로 밝아서 즐거운 분위기를 풍기는데, 거기서 컨트리 음악의 장점을 발견할 수 있습니다. 1962년에 히트한 레이 찰스의 버전을 비롯하여 지금까지도 많은 가수들이 리메이크해 부르고 있습니다. 우리는 트리니 로페즈의 신나는 풍의 노래로 배워보겠습니다.

가수 이야기

트리니 로페즈는 1937년 미국에서 태어났습니다. 텍사스주의 댈러스에서 태어났고 부친은 스페인, 모친은 멕시코인인 혼혈로 어릴 때부터 기타와 노래를 배워 15살의 나이에 공연장에 출연해 호평을 받았습니다. 고등학교를 졸업한 뒤로는 할리우드에 나와 독특하고 젊은 비트와 신선한 스타일로 돈 코스티의 인정을 받아 리플리즈와 계약했습니다. 그는 1963년에 큰 인기를 얻은 '천사의 해머' 이후 수많은 인기곡을 내고 있습니다. 그의 음반으로는 〈천사의 해머〉, 〈골든〉, 〈이것이 트리니 로페즈〉, 〈리듬 앤 블루스 사운드〉 등이 있습니다.

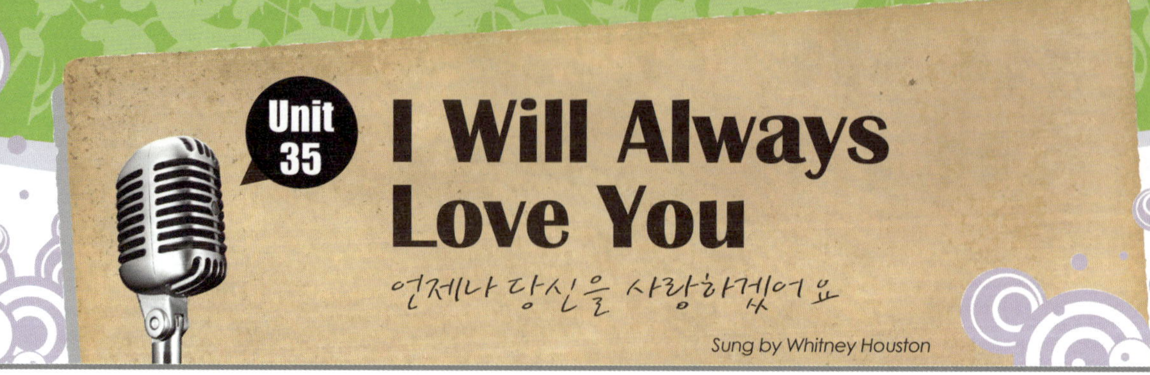

가사 익히기

노래를 들으며 가사를 차근차근 읽어보세요.

**❶ If I should stay,
I would only be in your way.**
So I'll go, but I know
❷ I'll think of you every step of the way.
And I will always love you.
I will always love you. You, my darling you. Hmm.

**❸ Bittersweet memories,
That is all I'm taking with me.**
So, goodbye. Please, don't cry.
We both know I'm not what you, you need.
And I will always love you. I will always love you.

❹ I hope life treats you kind
And I hope you have all you've dreamed of.
And **❺ I wish you joy and happiness.**
But above all this, I wish you love.

And I will always love you.
I will always love you.
I will always love you.
I will always love you.
I will always love you.
I will always love you.
You, darling, I love you.
Ooh, I'll always, I'll always love you.

한글 해석

한글 가사를 읽으며 내용을 더 정확하게 이해하세요.

내가 만약 머문다면,
난 단지 당신의 앞길에 방해만 될 거예요.
그래서 난 갈래요. 하지만 난 알아요.
내가 가는 걸음걸음마다 당신을 생각할 거란 걸요.
그리고 난 언제나 당신을 사랑할 거예요.
언제나 당신을 사랑할 거예요. 그대, 내 사랑이여.

슬프지만 달콤했던 추억들 내가 다 가져갈게요.
그러니, 안녕. 제발 울지 마세요.
우리 둘 다 알잖아요.
나는 당신이 필요한 사람이 아니란 걸요.
언제나 당신을 사랑할 거예요. 영원히 당신만을.

당신의 인생이 순조롭길 바랍니다.
그리고 당신이 꿈꿔왔던 모든 것을 이루길 바랍니다.
그리고 당신이 즐겁고 행복하길 바랍니다.
하지만 무엇보다도 당신이 사랑하길 바랍니다.

난 언제나 당신을 사랑할 거예요.
영원히 당신만을 사랑할래요.
영원히 당신만을 사랑할래요.
영원히 당신만을 사랑할래요.
영원히 당신만을 사랑할래요.
난 영원히 당신을 사랑하겠어요.
당신만을, 오 내 사랑.
영원히 당신만을 사랑할래요.

1 If I should stay, I would only be in your way.

내가 만약 머문다면, 난 단지 당신의 앞길에 방해만 될 거예요.

be in your way는 '너의 길을 막다'이므로 상대방에게 방해가 된다는 뜻입니다.
★ **Am I in your way?** 내가 방해가 되나요?

2 I'll think of you every step of the way.

내가 가는 걸음걸음마다 당신을 생각할 거예요.

잊지 않고 매순간 당신을 생각하겠다는 뜻입니다.

3 Bittersweet memories, that is all I'm taking with me.

슬프지만 달콤했던 추억들 내가 다 가져갈게요.

bittersweet은 뜻 그대로 '쓰고도 달콤한 것', 즉 '희비가 엇갈리는'이라는 의미입니다.
★ **It's a bittersweet feeling.** 시원섭섭하네요.

4 I hope life treats you kind.

당신의 인생이 순조롭길 바랍니다.

이 말은 삶이 고달프지 않고 잘 지내길 바란다는 뜻입니다. kind는 '친절한, 상냥한, 순조로운' 이라는 의미의 형용사입니다.

5 I wish you joy and happiness.

당신이 즐겁고 행복하길 바랍니다.

wish는 '~이길 빈다, 바란다'라는 뜻으로, [wish that+주어+동사의 과거형] '~이면 좋으련만'은 가정법으로 현재 사실의 반대 내용에 대한 소망이나 바람을 나타낼 때 사용합니다.
★ **I wish I had a new car.** 새 차가 있으면 좋겠어요.

A: What do you ❶ **wish you could do** well?

너는 잘했으면 하고 바라는 게 뭐니?

B: Well, I wish I could ❷ **speak English fluently**.

글쎄, 난 영어를 유창하게 말했으면 좋겠어.

A: Then what do you wish you had?

그럼 가졌으면 하고 바라는 것은 무엇이니?

B: I wish I had a car and I could go for a drive with you.

차가 있어서 너랑 함께 드라이브 갔으면 좋겠다.

A: Really? That's what I thought. You ❸ **read my mind**.

정말이야? 나도 그 생각했어. 너는 내 마음을 아는구나.

B: ❹ **Of course**. We are old friends.

물론이지, 우린 오랜 친구잖아.

표현 익히기

❶ [wish (that)+주어+동사(과거형/과거분사)]는 가정법 특별 용법으로 '~이면 좋으련만' 이라는 뜻입니다.

★ **I wish I could sing well.** 노래를 잘 부를 수 있으면 좋겠다.

❷ speak fluently는 '유창하게 말하다'입니다.

★ **My father speaks Chinese fluently.** 아버지께서는 중국어를 유창하게 구사하신다.

❸ read one's mind는 '마음을 읽는다, 헤아린다'라는 뜻입니다. 상대가 내 마음을 알아 줄 때 You read my mind.라고 합니다.

❹ 유사표현으로 Certainly. '물론, 좋고말고.', Surely. '그럼요, 물론.'이 있습니다.

I Will Always Love You

If I should stay, I would only be in your way.
이파이 슈 스떼이 아이 웃　온리 비 인 유어 웨이

So I'll go, but I know
쏘~ 아일고우　버라이 노우

I'll think of you every step of the way.
아일 씽크 오브 유 에브리 스텝 오브 더 웨이

And I will always love you.
앤 다이~ 월 올웨이즈　러 뷰~

I will always love you.
아 월 올웨이즈　러 뷰~

You, my darling you.
유 마이　달~링 유

Bittersweet memories, That is all I'm taking with me.
비러스윗트　메모리즈　댓 이즈 올 아임 테이킹 위드 미~

So, goodbye. Please, don't cry.
쏘　굿바~이　플리즈 돈 크라이

We both know I'm not what you, you need.
위 보쓰 노우 아임 낫 왓 츄 유 니드

And I will always love you.
앤 다이 월 올웨이즈　러~뷰

I will always love you.
아~ 월 올웨이즈　러~뷰

I hope life treats you kind.
아 홉 라잎 트리 츄　카인드

And I hope you have all you've dreamed of.
앤 아이 홉 유 해브 올 유브　드림~드 오브

And I wish you joy and happiness.
앤 아이 위시 유 조이 앤　해피니스

But above all this, I wish you love.
바 러바~브 올 디스 아이 위시 유 러~브

And I will always love you.
앤 다~이 월 올웨이즈　러~뷰

I will always love you.
아~ 월 올웨이즈　러~뷰

I will always love you.
아~ 월 올웨이즈　러~뷰

I will always love you.
아~ 월 올웨이즈　러~뷰

I will always love you.
아~ 월 올웨이즈　러~뷰

I will always love you.
아~ 월 올웨이즈　러~뷰

You, darling, I love you.
유　달링 아일 러뷰

Ooh, I'll always, I'll always love you.
오　아일 올웨이즈 아일 올웨이즈　러 뷰

MUSIC STORY

이 노래는 자신의 존재가 사랑하는 사람에게 방해가 될까 두려워 떠난다는 이야기입니다. 떠나지만 영원히 상대방을 잊지 않고 사랑하겠다고 노래합니다.

1992년도에 발표된 작품으로 연속 14주간 빌보드 싱글 차트 1위를 기록했습니다. 또 이 노래는 케빈 코스트너와 휘트니 휴스턴이 주연한 영화 〈보디가드〉의 주제가로 국내에서 영화의 인기와 함께 100만 장 이상의 음반 판매량을 기록했습니다. 〈보디가드〉는 팝가수와 보디가드의 사랑을 드라마틱하게 그린 영화로, 보디가드 역할을 맡았던 케빈 코스트너의 카리스마 넘치는 연기가 돋보였으며 팝 가수로 나온 휘트니 휴스턴의 연기 역시 프로 배우 이상이었다는 평가를 받았습니다.

휘트니 휴스턴은 1963년 8월 3일에 태어난 미국의 R&B 팝가수입니다. 가수가 되기 전 패션모델로 활동하기도 했으며, 세계에서 가장 많은 상을 받은 여싱 아티스트로 기네스북에 올랐습니다. 아름다운 미모에 신이 내린 목소리를 지닌 90년대 최고의 디바 중 한 명입니다. 안타깝게도 2012년 2월 호텔에서 사망해 더 이상 그녀가 부르는 노래를 들을 수 없게 되었습니다.

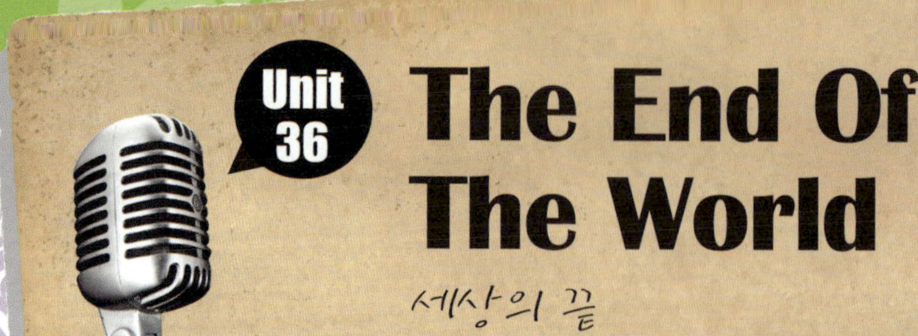

노래를 들으며 가사를 차근차근 읽어보세요.

❶ Why does the sun go on shining?
Why does the sea rush to shore?
Don't they know it's the end of the world
Cause you don't love me anymore.

❷ Why do the birds go on singing?
Why do the stars glow above?
Don't they know it's the end of the world?
It ended when I lost your love.

I wake up in the morning and I wonder
❸ Why everything's the same as it was.
I can't understand, no I can't understand
❹ How life goes on the way it does!

Why does my heart go on beating?
Why do these eyes of mine cry?
Don't they know it's the end of the world
It ended when you said good-bye.

...... Repeat

한글 해석

한글 가사를 읽으며 내용을 더 정확하게 이해하세요.

왜 태양은 계속 빛나는 걸까요?
왜 파도는 해변으로 달려갈까요?
세상이 끝난 것을 그들은 모르는 걸까요?
왜냐면 당신이 날 더 이상 사랑하지 않기 때문이죠.

왜 새들은 계속 노래를 부르는 걸까요?
왜 별들은 저위에서 반짝이는 걸까요?
그들은 세상이 끝난 것을 모르는 걸까요?
내가 당신의 사랑을 잃었을 때 세상은 끝난 거예요.

아침에 잠에서 깨어나면
왜 모든 것이 이전과 똑같은지 난 궁금해요.
난 이해할 수 없어요. 오, 도저히 이해할 수 없어요.
어떻게 삶이 예전처럼 계속되는 걸까요!

왜 내 가슴은 계속 뛰는 걸까요?
어째서 내 이 두 눈은 울고 있는 걸까요?
그들은 모르나 봐요, 이것이 세상의 끝이라는 걸.
세상은 당신이 내게 이별을 말했을 때 끝난 거예요.

...... 반복

1 Why does the sun go on shining?

왜 태양은 계속 빛나는 걸까요?

아픈 자신의 마음과는 대조적으로 빛나고 있는 태양을 보며 한탄하는 표현입니다. go on ~ing는 '계속 ~하다'로 keep on ~ing와 같은 뜻입니다. 반대 표현은 stop ~ing '~을 그만두다, ~하는 것을 멈추다'입니다.

★ **I will go on working hard.** 나는 계속 열심히 일할 거예요.

2 Why do the birds go on singing?

왜 새들은 계속 지저귀는 걸까요?

한글에서는 보통 '새들이 운다'고 표현하지만 영어로는 '새들이 노래한다'고 말합니다. 언어는 문화입니다. 동일한 상황을 다르게 묘사하는 모습에서 문화적 차이를 느낄 수 있습니다.

★ **Birds of a feather flock together.** 끼리끼리 어울린다, 유유상종. (속담)

3 Why everything's the same as it was.

왜 모든 게 예전과 똑같은 걸까요?

나는 사랑하는 사람과 헤어져 모든 게 끝난 것 같은데, 주변 상황은 아무런 변함없이 예전과 똑같아 나의 슬픔을 몰라주는 것을 한탄하는 표현입니다.

★ **Everything is the same as it was.** 모든 게 예전과 똑같아요.

4 How life goes on the way it does!

어떻게 삶이 예전처럼 계속 되는 걸까요!

Life goes on.은 '삶은 계속된다.'라는 뜻이며 the way it does는 '원래 그대로'라는 의미입니다. 즉, 어떤 일이 발생해도 삶은 계속 진행된다는 말입니다.

★ **That's the way it does.** 어쩔 수 없는 일이에요.
　That's the way. 바로 그거야, 그렇지.

A: You look unhappy today. Is there anything wrong?

너 오늘 기분 안 좋아 보이는구나. 무슨 문제 있니?

B: My boyfriend ❶ **stood me up** last night.

어젯밤에 남자친구가 날 바람 맞혔어요.

A: What happened?

무슨 일이 있었니?

B: We ❷ **were supposed to** meet for dinner, but he didn't ❸ **show up**.

우린 만나서 저녁 먹기로 했어요. 하지만 그가 나타나지 않았어요.

A: Did you call him?

그에게 전화했니?

B: Sure I did, but his cell phone ❹ **was turned off**.

물론 했어요. 하지만 그의 휴대폰이 꺼져 있었어요.

표현 익히기

❶ stand someone up은 직역하면 '~를 서있게 하다'로, '~를 바람 맞히다'라는 뜻입니다.
> ★ **Don't stand me up again.**   다시는 나를 바람 맞히지 말아요.

❷ [be supposed to+동사]는 '~하기로 되어 있다, ~하기로 예정되어 있다'라는 의미입니다.
> ★ **What am I supposed to do without you?**   당신 없이 제가 어떻게 하란 말이에요?

❸ show up은 '나타나다'라는 뜻입니다.
> ★ **Why didn't you show up yesterday?**   너 어제 왜 안 나타났니?

❹ turn off는 '끄다'이며 반대 표현은 turn on '켜다'입니다. be turned off는 수동형으로 '~이 꺼져있다'라고 해석됩니다.
> ★ **Please turn off your cell phone in class.**   수업 중에는 휴대폰을 꺼주세요.

The End Of The World

Why does the sun go on shining?
와이 더즈 더 썬 고 온 샤이닝

Why does the sea rush to shore?
와이 더즈 더 씨 러쉬 투 쇼어

Don't they know it's the end of the world
돈 데이 노우 잇츠 디 엔드 오브 더 워~얼드

Cause you don't love me anymore.
코오즈 유 돈 럽~ 미 애니모어

Why do the birds go on singing?
와이 두 더 벌즈 고 온 씽잉

Why do the stars glow above?
와이 두 더 스탈즈 글로우 어바브

Don't they know it's the end of the world
돈 데이 노우 잇츠 디 엔드 오브 더 워~얼드

It ended when I lost your love.
잇 엔디드 웬 아이로스트 유어 러브

I wake up in the morning and I wonder
아이 웨이컵 인 더 모~닝 앤 아이 원더~

Why everything's the same as it was.
와이 에브리씽스 더 쎄~임 애즈잇 워즈

I can't understand, no I can't understand
아이 캔~ 언덜스땐~ 노우아이 캔~ 언덜스땐~

How life goes on the way it does!
하우 라이프 고오즈 온 더 웨이 잇 더즈

....
Why does my heart go on beating?
와이 더즈 마이 하알트 고 온 비링

Why do these eyes of mine cry?
와이 두 디즈 아이즈 오브 마인 크라이

Don't they know it's the end of the world
돈 데이 노우 잇츠 디 엔드 오브 더 워얼드

It ended when you said good-bye.
잇 엔디드 웬 유 쎌 굳바~이
....

.... Repeat

MUSIC STORY

노래 이야기

이 노래는 사랑하는 사람과 이별 후 세상이 끝난 것 같은데, 세상의 모든 것이 변함없이 이전과 똑같이 돌아가고 있음을 태양, 바다, 새, 별들을 보고 한탄하며 슬픔을 표현한 깜찍한 노래입니다.

1951년 냇 킹 콜에게 **Too Young**을 작곡해 주기도 했던 실비아 디 부인은 어린 시절 아버지가 돌아가신 슬픔을 노래로 만들었습니다. 40년 후에 이 곡을 스키터가 받게 되었고 교통사고로 죽은 그녀의 친구를 생각하며 이 노래를 불렀다고 합니다.

가수 이야기

스키터 데이비스(본명 **Mary Frances Penick**)는 1931년 12월 30일 미국의 켄터키주에서 태어났습니다. 1950년대 **The Davis Sisters**라는 보컬 듀오를 결성하였고 RCA 빅터와 음반 계약을 한 후 최고 히트곡인 **I Forgot More Than You'll Ever Know**를 발표합니다.

단기간의 성공에도 불구하고 동료이자 절친한 친구 **Betty Jack Davis**가 갑작스러운 자동차사고로 죽게 되는 비극을 겪습니다. 그 후 실의에 빠져 한동안 낙심하고 우울해 하던 그녀는 RCA 레코드사의 끈질긴 설득으로 몇 년 후 솔로 활동을 재개합니다. 1957년까지 스키터는 컨트리 최고 탑 가수 중 한 명이었습니다. 1963년 1월 그녀는 **The End Of The World**를 발표해 큰 인기를 끌었으며, 이 노래는 오늘날까지도 많은 사람에게 꾸준히 사랑받고 있습니다.

노래를 들으며 가사를 차근차근 읽어보세요.

❶ One summer night
The stars were shining bright.
One summer dream
Made with fancy whims.
That summer night
My whole world tumbled down.
❷ I could have died if not for you.

Each night I'd pray for you.
My heart would cry for you.
The sun won't shine again
Since you have gone.
Each time I'd think of you.
My heart would beat for you.
❸ You are the one for me.

❹ Set me free
Like sparrows up the trees.

Give a sign
So I would ease my mind.
Just say a word
And I'll come running wild.
⑤ Give me a chance to live again.

······ Repeat

One summer night
The stars were shining bright.
One summer dream
Made with fancy whims.
That summer night
My whole world tumbled down.
I would have died if not for you.

······ Repeat

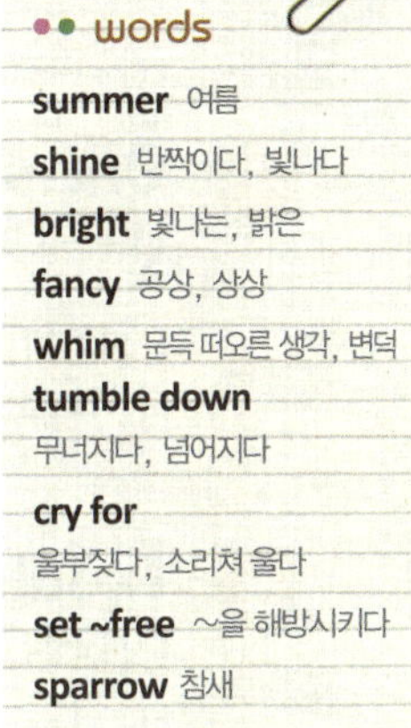

한글 해석

한글 가사를 읽으며 내용을 더 정확하게 이해하세요.

어느 여름날 밤에 별들이 반짝 반짝 빛나고 있었어요.
어느 여름날 꿈에 환상적인 공상들이 스쳐가네요.
그 여름밤에 내 모든 세계가 무너졌어요.
당신이 아니었다면 난 죽었을지도 몰라요.

······

매일 밤 당신을 위해 기도합니다.
내 마음은 당신 때문에 울고 있어요.
저 태양이 다시 빛나지 않을 거예요.
당신이 가버린 후엔
당신을 생각할 때마다
내 가슴은 당신을 향해 고동칩니다.
당신은 나의 유일한 사람입니다.

······

날 자유롭게 놔주세요. 저 나무 위를 참새들처럼.
신호라도 보내주세요. 그러면 내 마음이 편안해질 거예요.
단 한마디만 해줘요. 내가 거침없이 달려갈게요.
다시 살 수 있는 기회를 주세요.

······ 반복

어느 여름날 밤에 별들이 반짝 반짝 빛나고 있었지요.
어느 여름날 꿈에 환상적인 공상들이 스쳐가네요.
그 여름밤에 내 모든 세계가 무너졌어요.
당신이 아니었다면 난 죽었을지도 몰라요.

······ 반복

1 One summer night the stars were shining bright.

어느 여름날 밤에 별들이 반짝 반짝 빛나고 있었어요.

여름날의 밤하늘 풍경을 말하고 있습니다. shine bright는 '밝게 빛나다'라는 뜻입니다.
★ **The stars are shining bright tonight.** 오늘밤 별들이 밝게 빛나고 있네요.

2 I could have died if not for you.

당신이 아니었다면 난 죽었을지도 몰라요.

if not for you는 가정법 과거완료로, without you '당신이 없었다면'으로 바꿔 쓸 수 있습니다. 즉, 당신이 있어서 내가 죽지 않고 살게 되었다는 말입니다.

3 You are the one for me.

당신은 나의 유일한 사람이에요.

이 말은 내가 사랑하는 유일한 사람이 바로 당신이라는 뜻입니다.
★ **You're the one person I'm telling about this matter.**
이 문제에 대해 내가 상담할 수 있는 사람은 너 뿐이야.

4 Set me free like sparrows up the trees.

저 나무 위 참새들처럼 날 자유롭게 놔주세요.

set me free는 '날 자유롭게 해달라'라는 뜻이므로 구속하지 말아 달라는 의미입니다.
★ **I want to be free as a bird.** 나는 새처럼 자유롭고 싶어.

5 Give me a chance to live again.

다시 살 수 있는 기회를 주세요.

병에 걸려 죽게 되었으니 살고 싶은 마음을 간절히 표현한 것입니다.
★ **Give me a chance next time.** 다음번에 기회를 주세요.

A: It's a beautiful night, isn't it? Look! The stars are shining bright.

아름다운 밤이네요, 그렇죠? 보세요! 별들이 밝게 빛나고 있어요.

B: Yes, it is. Have you ever ❶ **made a wish** upon a ❷ **shooting star**?

그렇네요. 별똥별을 보며 소원을 빌어본 적 있나요?

A: No, I haven't. Have you?

아니요, 없어요. 당신은요?

B: Yes, I ❸ **used to** do that when I was a child.

네, 있어요. 어린아이였을 때 그렇게 하곤 했지요.

A: That's interesting. I heard love is watching for a shooting star together.

흥미롭군요. 사랑이란 별똥별을 함께 지켜보는 것이래요.

B: Is that so?

그래요?

표현 익히기

❶ make a wish는 '소원을 빌다'라는 의미입니다.
- ★ **Please make a wish.** 소원을 빌어 봐요.
- ★ **I made a wish upon the full moon last night.** 나는 어젯밤에 보름달을 보며 소원을 빌었어요.

❷ shooting star는 '별똥별, 유성'을 뜻하며 동의어로 falling star가 있습니다.
- ★ **Look, there is a falling star.** 봐, 별똥별이야.

❸ [used to+동사원형]은 '~하곤 했다'이며 과거의 규칙적인 습관을 말할 때 사용됩니다.

One Summer Night

One summer night
원 써머 나~잇

The stars were shining bright.
더 스탈즈 워 샤이닝 브라잇

One summer dream
원 써머 드림

Made with fancy whims.
메잍 윗 팬시 휨즈

That summer night
댓 써머 나~잇

My whole world tumbled down.
마이 홀 월~드 텀~블드 다운

I could have died if not for you.
아이 쿠 대브 다잇 이프 낫 포 유

········

Each night I'd pray for you.
이치 나잇 아일 프레이 포 유

My heart would cry for you.
마이 하~알 욷 크라이 포 유

The sun won't shine again
더 썬 월 샤인 어게인

Since you have gone.
씬스 유 해브 곤~

Each time I think of you.
이치 타임 아이 씽크 오브 유

My heart would beat for you.
마이 하~알 욷 빗 포 유

You're the one for me.
유아 더 원~ 포 미

········

Set me free like sparrows up the tree.
셋 미 프리 라잌 스패로우스 업 더 추리

Give a sign. so I would ease my mind.
기브 어 싸~인 쏘아이 욷 이즈 마이 마~인

Just say a word
저슷 세이 어 워~드

And I'll come running wild.
앤 아일 컴 러~닝 와일드

Give me a chance to live again.
깁~ 미 어 챈~스 투 리브 어겐

········ Repeat

One summer night
원 써머 나~잇

The stars were shining bright.
더 스탈즈 워 샤이닝 브라잇

One summer dream
원 써머 드림

Made with fancy whims.
메잍 윗 팬시 휨즈

That summer night
댓 써머 나~잇

My whole world tumbled down.
마이 홀 월~드 텀~블드 다운

I could have died if not for you.
아이 쿠 대브 다잇 이프 낫 포 유

········ Repeat

노래 이야기

이 곡은 1976년에 대만 출신의 여성가수이자 배우였던 진추하가 작사·작곡한 작품으로 홍콩·한국 합작으로 동양판 러브스토리를 그린 영화 〈사랑의 수잔나〉의 주제곡으로 쓰였습니다. 그녀는 이 영화에서 불치병에 걸린 수잔나로 출연하여 한국 청년과 이루지 못할 애틋한 사랑을 그렸습니다. 당시 국내에서도 영화와 노래 모두 큰 인기를 얻었습니다.

청아하면서도 우수에 찬 목소리로 감상적인 분위기를 연출하고 있는 이 곡은 피아노의 애절함과 바이올린의 비통함이 곁들여져 더욱 깊은 감상에 빠져들게 합니다. 특히 남자 보컬 케니 비('아비'라는 중국 이름으로 더 알려짐)와의 듀엣은 신비로운 분위기를 풍깁니다. 매년 여름이면 라디오에서 자주 들을 수 있습니다.

가수 이야기

첼시아 첸(한국식 이름 진추하)은 1957년 11월 12일 대만에서 태어났습니다. 그녀는 1970년 중반에 혜성처럼 나타난 홍콩의 아름다운 가수이자 배우입니다. **One Summer Night**이란 노래로 아시아뿐만 아니라 한국에서도 큰 인기를 얻었고, 1975년 홍콩 금영 창작 가요제 최우수작곡상, 최우수가창상을 수상했습니다. 1976년부터 1981년까지 청순한 미모에 아름다운 노래로 아시아 톱스타로 명성을 날렸는데, 1981년 은퇴를 선언했습니다.

California Dreaming

캘리포니아를 꿈꾸며

Sung by Mamas & Papas

가사 익히기

노래를 들으며 가사를 차근차근 읽어보세요.

All the leaves are brown and the sky is grey.
❶ I've been for a walk on a winter's day.
❷ I'd be safe and warm if I was in L.A.
California dreaming on such a winter's day.

Stopped into a church, I passed along the way.
❸ Well, I got down on my knees, and I pretended to pray.
❹ You know the preacher likes the cold.
He knows I'm gonna stay.
California dreaming on such a winter's day.

All the leaves are brown and the sky is grey.
I've been for a walk on a winter's day.
❺ If I didn't tell her I could leave today.
California dreaming on such a winter's day.
California dreaming on such a winter's day.
California dreaming on such a winter's day.

한글 해석

한글 가사를 읽으며 내용을 더 정확하게 이해하세요.

나뭇잎들이 갈색이고 하늘은 잿빛으로 흐린
어느 겨울날에 난 산책을 나갔었어.
내가 만일 L.A.에 있다면 따뜻하고 안전하게 지내고 있을 텐데.
이렇게 추운 겨울날에 캘리포니아를 꿈꾸며.

길을 지나가다 어느 교회에 잠시 들렀지.
아, 난 무릎을 꿇고 기도하는 척을 했어.
목사님은 추운 날씨를 좋아한다는 것 너도 알잖아.
그는 내가 머물 것이라는 것을 알고 있거든.
이렇게 추운 겨울날에 캘리포니아를 꿈꾸며.

나뭇잎들이 갈색이고 하늘은 잿빛으로 흐린
어느 겨울날에 난 산책을 나갔었어.
내가 만일 그녀에게 말하지 않았다면 오늘 떠날 수 있을 텐데.
이렇게 추운 겨울날에 캘리포니아를 꿈꾸며.
이렇게 추운 겨울날에 캘리포니아를 꿈꾸며.
이렇게 추운 겨울날에 캘리포니아를 꿈꾸며.

•• words

leave 나뭇잎
sky 하늘
safe 안전한
warm 따뜻한
stop into ~에 들르다
church 교회
pass 지나가다
knee 무릎
pretend to+ 동사원형 ~하는 척하다
pray 기도하다
preacher 설교자, 목사
be gonna+동사원형 ~할 예정이다(=be going to+동사원형)

1 I've been for a walk on a winter's day.

어느 겨울날에 난 산책을 나갔었지.

'산책하다'라는 표현에는 take a walk, go for a walk 등이 있습니다.
★ **Shall we take a walk?** 우리 산책할까요?

2 I'd be safe and warm if I was in L. A.

내가 만일 L.A.에 있다면 따뜻하고 안전하게 지내고 있을 텐데.

이 문장은 가정법 과거로, [If+주어+동사의 과거형~, 주어+조동사의 과거형+동사원형]의 형태이며 현재 사실의 반대 내용을 가정해서 말할 때 사용됩니다. 그 뜻은 '만약 ~라면, ~일 텐데', 즉 '~하지 않아서 유감이다'라는 뜻입니다.
★ **If I were a bird, I would fly to you.** 내가 만일 새라면 너에게 날아갈 텐데.

3 Well, I got down on my knees, and I pretended to pray.

아, 난 무릎을 꿇고 기도하는 척을 했어.

get down on my knees는 '무릎을 꿇다'이며, [pretend to+동사원형]은 '~인 척하다'입니다.
★ **Don't pretend to be sick.** 아픈 척하지 마.

4 You know the preacher likes the cold.

목사님은 추운 날씨를 좋아한다는 것 너도 알잖아.

여기서 cold는 '추운 날씨, 추위'를 뜻하며, cold weather라고도 표현할 수 있습니다. 추운 겨울에 많은 사람들이 교회 내 쉼터를 찾아와서 오랫동안 머물기 때문에 목사님이 추운 날씨를 좋아한다고 말한 것입니다.

5 If I didn't tell her I could leave today.

내가 만일 그녀에게 말하지 않았다면 오늘 떠날 수 있을 텐데.

아마도 그녀는 사랑하는 여인일 것이고, 그녀에게 곁에 있겠다고 말했기 때문에 혼자서 떠날 수 없는 아쉬운 마음을 표현한 것입니다.

핵심 문장 활용하기

앞에서 배운 핵심 문장이 실제 대화에서 어떻게 활용되는지 학습하세요.

A: ❶**Where would you like to live if you could choose**?
만약 당신이 선택할 수 있다면 어디에 살고 싶습니까?

B: I would like to live in a warm and beautiful island.
난 따뜻하고 아름다운 섬에서 살고 싶어요.

A: Give me some examples.
예를 좀 들어 보세요.

B: ❷**For instance**, Guam, Hawaii, or Jeju Island.
예를 들면 괌, 하와이, 또는 제주도요.

A: Would you be a man or a woman if you were born again?
만약 당신이 다시 태어난다면 남자가 될래요, 여자가 될래요?

B: I would be a man.
난 남자가 되겠어요.

표현 익히기

❶ 가정법 과거형으로 [If+주어+동사의 과거형+, 주어+조동사의 과거형(would, could 등)+동사원형]의 형태이며 현재 사실의 반대 내용을 가정할 때 '만약 ~라면, ~일 텐데' 라는 의미로 사용됩니다.

★ **If I were born again, I would be a man.** 만약 내가 다시 태어난다면 난 남자가 될 거예요.

★ **If I spoke English fluently, I could communicate with you well.**
만약 내가 영어를 유창하게 말한다면, 당신과 의사소통을 잘 할 수 있을 텐데.

❷ 같은 표현으로 for example이 있습니다.

★ **Please give me an example.** 한 가지 예를 들어보세요.

California Dreaming

All the lea**ves** a**re** brown an**d** the sky is grey.
올 더 리브즈 아 브라운 앤 더 스까이 이즈 그레이

I've been **for a** walk on a wint**er**'s day.
아 빈 퍼러 웤 온 어 윈털~스 데이

I'd be sa**f**e an**d** wa**r**m **if I was in** L. A.
앗 비 세이프 앤 워엄 이파이 워 진 엘에이

Cali**for**nia dreaming on such a wint**er**'s day.
캘리포니아 드리밍 온 써치 어 윈털~스 데이

Stopp**ed** **in**to a church, I pass**ed** along the way.
스땁~ 인투 어 처얼치 아이 패스트 어롱~ 더 웨이

Well, I go**t** down on my knees, an**d** I preten**ded to** pray.
웰 아이 갓 다운 온 마이 니~즈 앤 아이 프리텐~ 투 프레이

You know the preach**er** likes the col**d**.
유 노우 더 프리철 라잌스 더 코올드

He knows I'm gonna stay.
히 노우~즈 아임 고나 스떼이

Cali**for**nia dreaming on such a wint**er**'s day.
캘리포니아 드리밍 온 서치 어 인털~스 데이

All the lea**ve**s are brown an**d** the sky is grey.
올 더 리브즈 아 브라운 앤 더 스까~이즈 그레이

I've been **for a** walk on a wint**er**'s day.
아 빈 퍼러 웤 온 어 윈털~스 데이

If I didn'**t** tell h**er** I coul**d** leave today.
이파이 디든 텔 허 아이 쿨 리~브 투데이

Cali**for**nia dreaming on such a wint**er**'s day.
캘리포니아 드리밍 온 써치 어 윈털~스 데이

Cali**for**nia dreaming on such a wint**er**'s day.
캘리포니아 드리밍 온 써치 어 윈털~스 데이

Cali**for**nia dreaming on such a wint**er**'s day.
캘리포니아 드리밍 온 써치 어 윈털~스 데이

MUSIC STORY

노래 이야기

어느 추운 겨울날 춥고 삭막한 도시를 떠나 따뜻하고 살기 좋은 캘리포니아로 떠나고 싶지만, 뭔가에 얽매어 떠나지 못하는 한 남자의 심정을 그린 곡입니다. 이 노래는 캘리포니아를 동경하는 뉴요커의 삭막한 삶을 그렸으며, '자연과 이상향에 대한 동경'은 히피 정신을 표현하는 것이라 하여 발표되자마자 캘리포니아 히피들의 찬가가 되었다고 합니다.

캘리포니아행을 꿈꾸는 홍콩 남녀의 사랑을 그린 왕가위 감독의 영화 〈중경삼림〉의 주제곡으로 쓰여 우리에게 더욱 친숙한 노래입니다. 또한, 전 세계인에게 캘리포니아를 상징하는 노래로 각인되어 있는 곡입니다.

가수 이야기

마마스 앤 파파스는 1965년 미국 캘리포니아에서 결성된 남성 둘, 여성 둘의 혼성 록밴드입니다. 리더인 존 필립스는 피아노, 기타 외에 작곡 실력도 뛰어나 이 그룹의 히트곡은 거의 존이 썼습니다. 1966년 앨범 〈The Mamas and the Papas〉로 데뷔하여 California Dreaming으로 큰 인기를 얻었습니다. California Dreaming은 전 세계 가장 위대한 노래 500곡 중 89위로 선정되었습니다.

가사 익히기

노래를 들으며 가사를 차근차근 읽어보세요.

If you search for tenderness, it isn't hard to find.
You can have the love you need to live.
If you look for truthfulness, you might just as well be blind.
It always seems to be so hard to give.

....

❶ Honesty is such a lonely word.
Everyone is so untrue.
Honesty is hardly ever heard.
And mostly what I need from you.

....

I can always find someone to say they sympathize
❷ If I wear my heart out on my sleeve.
But I don't want some pretty face to tell me pretty lies.
❸ All I want is someone to believe.

.... Repeat

I can find a lover. I can find a friend.
I can have security until the bitter end.
Anyone can comfort me with promises again.
I know, I know, I know.

When I'm deep inside of me,
❹ Don't be too concerned.
I won't ask for nothing while I'm gone.
When I want sincerity,
Tell me where else can I turn.
❺ 'Cause you're the one that I depend upon.

······· Repeat

한글 해석

한글 가사를 읽으며 내용을 더 정확하게 이해하세요.

그대 다정함을 찾으려 한다면 그것은 어렵지 않아요.
그대 사는 데 필요한 사랑은 얻을 수 있어요.
그대 진실함을 찾는다면, 차라리 장님이 되는 게 나을 거예요.
진실을 보여주는 것은 항상 힘든 일인 것 같아요.

·······

정직함이란 그토록 외로운 낱말이에요.
모든 사람이 너무나 진실하지 않아요.
솔직함은 거의 듣기 어려운 말이에요.
그것은 내가 그대에게 가장 필요로 하는 거예요.

·······

내 말에 동감한다는 사람은 언제든지 찾을 수 있어요.
내가 만일 마음속 얘기를 다 털어놓는다면 말이죠.

하지만 예쁜 얼굴로 엉뚱한 거짓말을 하는 사람은 난 싫어요.
내가 원하는 것은 믿을 수 있는 사람이에요.

연인을 찾을 수 있고, 친구를 찾을 수도 있겠죠.
죽을 때까지 난 안전함을 가질 수도 있을 거예요.
누구든 약속을 하며 나를 다시 위로해 줄 수도 있다는 것.
난 알아요. 알고 있어요.

내가 깊은 생각에 잠겨있을 때에도, 너무 걱정하진 마세요.
나 떠난다 해도 그대에게 아무것도 바라지 않을 테니까.
내가 진실함을 원할 때는 어디에 기대야 할지 말해줘요.
왜냐하면 그대는 내가 기댈 수 있는 유일한 사람이기 때문이죠.

······· 반복

1 Honesty is such a lonely word.

정직함이란 그토록 외로운 낱말이에요.

[such a+형용사+명사]에서 such는 강조를 나타내는 말로 '그토록, 그렇게, 대단히'라는 뜻입니다. such a lonely word는 '참으로 외로운 낱말'이라는 뜻으로 사람들의 대화 속에서 정직함을 찾아볼 수 없다는 말입니다.
★ **You were such a good boy.** 넌 정말로 착한 아이였어.

2 If I wear my heart out on my sleeve.

내가 만일 마음속 얘기를 다 털어놓는다면 말이죠.

직역하면 '내 마음을 소매 위로 꺼내 놓다.', 즉 '생각하는 바를 기탄없이 말하다, 감정을 사실대로 나타내다.'라는 뜻입니다. 다시 말해 '내가 진실함을 보여주면'으로 해석할 수 있습니다.

3 All I want is someone to believe.

내가 원하는 것은 믿을 수 있는 사람이에요.

그만큼 믿을 수 있는 사람이 많지 않기 때문에 All I want is someone to라고 강조해서 표현한 것이라 볼 수 있습니다.
★ **All I want is someone to love.** 내가 원하는 것은 사랑할 사람이에요.

4 Don't be too concerned.

너무 걱정하지 마세요.

concerned는 형용사로 '걱정스런, 염려스런'입니다.
★ **Don't worry too much.** 너무 걱정하지 마세요.

5 'Cause you're the one that I depend upon.

왜냐하면 그대는 내가 기댈 수 있는 유일한 사람이기 때문이죠.

'Cause는 because의 줄임말입니다. depend upon은 '~에 의지하다, 의존하다'라는 뜻입니다.
★ **That depends.** 그건 때와 형편에 달렸다, 그때그때 다르다.
　 It all depends. 모든 것이 사정 나름이다.

앞에서 배운 핵심 문장이 실제 대화에서 어떻게 활용되는지 학습하세요.

A: Do you know about Julie, our co-worker?

우리의 동료 줄리에 대해서 아시나요?

B: Yes, I do. She is a very nice person.

네, 알아요. 그녀는 아주 좋은 사람이에요.

A: Is she honest and sincere?

그녀는 정직하고 성실한가요?

B: ❶**You said it.** ❷**When it comes to honesty,** she is the queen.

맞아요. 정직에 대해 말하자면 그녀를 두고 하는 말이죠.

Why do you ask about her?

그녀에 대해 왜 묻는 거죠?

A: Well, ❸**I'm thinking of doing** business with her.

어, 저는 그녀와 함께 사업을 하려고 생각 중입니다.

B: Don't be too concerned. You will be good business partners.

너무 걱정 마세요. 두 분은 좋은 동업자가 될 거예요.

표현 익히기

❶ '네 말이 맞아, 정말 그래, 내 말이 그 말이야, 옳은 말씀입니다.'라는 뜻으로, You're right, That's right. 등과 동일한 표현입니다.

❷ [When it comes to+명사/동명사]는 '~에 관한 한, ~에 대해 말하자면'으로 해석합니다.
★ **I'm picky when it comes to food.** 식성에 대해 말하자면, 난 까다로워요.

❸ I'm thinking of ~ing는 '나는 ~하려고 생각 중이다'입니다.
★ **I'm thinking of going on a trip this weekend.** 난 이번 주말에 여행이나 갈까 생각 중입니다.

Honesty

If you search for tenderness,
이 퓨 썰치 포 텐더니스

It isn't hard to find.
잇 이즌 하알 투 파인드

You can have the love
유 캔 해브 더 럽

you need to live.
유 니 투 리브

If you look for truthfulness,
이 퓨 룩 포 추루쓰풀니스

you might just as well be blind.
유 마잇 져스트 애즈 웰 비 블라인

It always seems to be so hard to give.
잇 올웨이즈 씸스 투 비 쏘 하~투 깁~

. . . .

Honesty is such a lonely word.
아니스티 이즈 써치 어 로온리 워~드

Everyone is so untrue.
에브리원 이즈 쏘 언츄루

Honesty is hardly ever heard.
아니스티 이즈 하들리 에버 헐드

And mostly what I need from you.
앤 모스틀리 와 라이 닛 프롬 유

. . . .

I can always find someone
아이 캔 올웨이즈 파인 썸원

to say they sympathize
투 쎄이 데이 씸퍼 싸이즈

If I wear my heart out on my sleeve.
이파이 웨어 마이 할~ 아웃 온 마이 슬리브

But I don't want some pretty face
밧 아이 돈 원 썸 프리디 페이스

To tell me pretty lies.
투 텔 미 프리디 라이즈

All I want is someone to believe.
올 아이 원 이즈 썸원 투 빌리~브

. . . . Repeat

I can find a lover. I can find a friend.
아이 캔 파인 어 러버 아이 캔 파인 어 프렌드

I can have security until the bitter end.
아이 캔 해브 씨큐러티 언틸 더 비러 엔드

Anyone can comfort me with promises again.
애니원 캔 컴풔트 미 윗 프라미씨즈 어겐

I know. I know.
아이 노우 아이 노우

When I'm deep inside of me, don't be too concerned.
웬 아임 딥 인싸이드 오브 미 돈 비 투 컨써~언

I won't ask for nothing while I'm gone.
아이 윙 애스크 포 낫씽 와일 아임 곤~

When I want sincerity, tell me where else can I turn.
웬 아이 원 씬시러티 텔 미 웨어 엘스 캔 아이 턴

'Cause you're the one that I depend upon.
코오즈 유아 더 원 대 라이 디팬드 어폰~

. . . . Repeat

MUSIC STORY

이 노래는 1978년 빌리 조엘의 6집 앨범 〈52nd Street〉에 수록된 곡입니다. 이 곡은 인간관계에서 필요한 것이 정직함, 진실함이라고 주장합니다. 사람들 사이에 진실함이 사라져가는 것을 안타까워하며 사랑하는 당신에게서 가장 필요한 것도 정직함이라고 노래합니다. 가사 속에서는 정직함을 honesty, truthfulness, sincerity로 표현하고 있습니다. 우리 삶에서 정직함에 대해 다시 생각하게 하는 곡입니다.

빌리 조엘은 1949년 5월 9일 미국 뉴욕 출신으로 싱어송라이터이자 가수입니다. 그는 14세부터 밴드 활동을 했으며, 미국의 일반대중들로부터 가장 사랑받는 가수 중 한 사람입니다. 그는 그의 모든 노래를 스스로 작사·작곡했습니다. 무대 위에서 공연할 때 주로 피아노를 직접 연주하면서 노래를 불렀으며 그의 첫 히트 싱글 앨범도 그 이름을 따서 〈Piano Man〉이라고 합니다.

1971년 솔로 가수로 데뷔하여 활동을 시작했고, 1973년 싱글 〈Piano Man〉으로 크게 성공했으며 1993년 신규 음반제작에서 은퇴할 때까지 많은 히트곡을 발표했습니다. 총 6번 그래미상을 받았고 전 세계적으로 1억 장 이상 음반 판매고를 올렸으며 1978년에 플래티넘상을 받았습니다.

 노래를 들으며 가사를 차근차근 읽어보세요.

....

❶ Hey Jude, don't make it bad.
Take a sad song and make it better.
Remember to let her into your heart.
Then you can start to make it better.

....

Hey Jude, don't be afraid.
You were made to go out and get her.
The minute you let her under your skin,
Then you begin to make it better.

And anytime you feel the pain, hey Jude, refrain.
❷ Don't carry the world upon your shoulders.
For well you know that it's a fool
Who plays it cool by making his world a little colder.

Hey Jude, **❸** don't let me down.
You have found her, now go and get her.

Remember to let her into your heart.
Then you can start to make it better.

④ **So let it out and let it in.** hey Jude, begin.
You're waiting for someone to perform with.
And don't you know that it's just you.
Hey Jude, you'll do.
⑤ **The movement you need is on your shoulder.**

······ Repeat

한글 해석

한글 가사를 읽으며 내용을 더 정확하게 이해하세요.

······
이봐 쥬드, 너무 나쁘게 생각하지 마.
슬픈 노래를 즐거운 노래로 만들어봐.
그녀를 마음으로 받아들여야 한다는 걸 기억해.
그러면 좀 더 좋은 관계로 시작할 수 있을 거야.

······

이봐 쥬드, 두려워하지 마.
네가 가서 그녀를 붙잡아.
그녀를 네 마음에 진심으로 받아들이면
그러면 좀 더 좋은 관계로 시작할 수 있을 거야.

아무리 고통스러워도, 참으렴. 쥬드.
세상의 모든 짐을 네가 다 지려 하지 마.

왜냐하면 얼마나 바보짓인지 너도 알잖니.
누가 자신의 인생을 냉대하며 침착한척하니.

이봐 쥬드, 날 실망하게 하지 마
그녀를 찾았으니 이제 가서 붙잡아.
그녀를 마음으로 받아들여야 한다는 걸 기억해.
그러면 넌 더 나아지기 시작할 거야.

표현하고 드러내 봐, 이봐 쥬드, 시작해.
넌 인생을 함께할 누군가를 기다리고 있잖니.
모르겠니? 그 일을 해야 할 사람은 바로 너야.
이봐 쥬드, 넌 할 수 있어.
모든 것은 너에게 달려있단다.

······ 반복

1 Hey, Jude, don't make it bad.

이봐 쥬드, 너무 나쁘게 생각하지 마.

이 문장은 그 상황을 나쁘게 만들지 마라, 즉 나쁘게만 보지 말라는 말입니다.
★ **Don't make it a habit.** 그것이 버릇이 안 되도록 해라.

2 Don't carry the world upon your shoulders.

세상의 모든 짐을 네가 다 지려하지 마.

직역하면 '세상을 너의 어깨에 짊어지고 나르지 마라', 즉 온 세상 어려움과 고민을 몽땅
네 것 인양 힘들어하지 말라는 뜻입니다.
★ **Try not to carry the world upon your shoulders.** 세상의 모든 짐을 네가 다 지려하지 마.

3 Don't let me down.

날 실망시키지 마.

let someone down은 '~를 실망시키다'라는 뜻입니다.
★ **I am sorry I let you down.** 당신을 실망시켜 죄송해요.

4 So let it out and let it in.

표현하고 드러내 봐.

let it out은 '그것을 내보내다', let it in은 '그것을 들여보내다'입니다. 이 문장은 모든 감정
을 솔직하게 털어놓고 받아들일 것은 받아들이라는 뜻입니다.

5 The movement you need is on your shoulder.

모든 것은 너에게 달려있어.

직역하면 '네게 필요한 행동은 네 어깨 위에 있다', 즉 모든 게 너 하기 나름이라는 말입니
다. 유사한 표현으로 It depends on you, It's up to you. '그것은 네게 달려 있다.'가 있습니다.

A: You look so worried. ❶ **What's on your mind**?

당신 걱정 있어 보이는군요. 신경 쓰이는 일이 있나요?

B: I ❷ **am really worried about** the current Korean economy.

난 정말 현재 한국 경제가 걱정돼요.

A: Oh, come on. What are you worried about?

아, 저런. 뭘 걱정하는 거예요?

B: They say the economy is ❸ **getting worse and worse**.

경기가 점점 더 나빠지고 있다고 하잖아요.

A: Don't carry the world upon your shoulders.

세상의 모든 짐을 혼자 지려 하지 마세요.

Things have always been the same.

상황은 늘 똑같았어요.

B: Is that so? I guess I'm a ❹ **worrywart**.

그래요? 내가 걱정쟁이인가 봐요.

표현 익히기

❶ have ~on one's mind는 '~에 마음(신경) 쓰고 있다'라는 뜻입니다.

❷ be worried about은 '~에 대해 걱정하다'라는 의미입니다.
   ★ **I'm worried about you.** 난 당신을 걱정하고 있어요.

❸ get worse and worse는 '점점 더 악화되다, 나빠지다'입니다. worse는 bad의 비교급
   으로 '더 나쁜, 악화되는'이라는 뜻입니다.

❹ worrywart는 '걱정을 많이 하는 사람'을 뜻합니다.
   ★ **Don't be a worrywart.** 너무 걱정하지 마세요.
   ★ **Don't have so much stress.** 너무 걱정하지 마세요.

Hey Jude

....

Hey Jude, don't make it bad.
헤이 쥬드 돈 메이 킷 배드

Take a sad song and make it better.
테이 커 쌔드 쏭 앤 메이킷 베러

Remember to let her into your heart.
리멤버 투 렛 허 인투 유어 하알트

Then you can start to make it better.
댄 유 캔 스타알 투 메이킷 베러

....

Hey Jude, don't be afraid.
헤이 쥬드 돈 비 어프레잇

You were made to go out and get her.
유 워 메잇 투 고우 아웃 앤 겔 허

The minute you let her under your skin,
더 미닛 유 렛 허 언더 유어 스킨

Then you begin to make it better.
댄 유 비간~ 투 메이 킷 베러

And anytime you feel the pain, hey Jude, refrain.
앤 애니타임 유 필 더 패인 헤이 쥬드 리프레인

Don't carry the world upon your shoulders.
돈 캐리 더 워얼드 어폰~ 유어 숄더~즈

For well you know that it's a fool
포 웰 유 노우 댓 잇츠어 풀

Who plays it cool by making his world a little colder.
후 플레이짓 쿨 바이 메이킹 히즈 워얼드 어 리를 코올더

Hey Jude, don't let me down.
헤이 쥬드 돈 렛 미 다운

You have found her, now go and get her.
유 해브 파~운 허 나우 고우 앤 갯 허

Remember to let her into your heart.
리멤버 투 렛 허 인투 유어 하알트

Then you can start to make it better.
댄 유 캔 스타알~투 메이킷 베러

So let it out and let it in. Hey Jude, begin.
쏘 레릿 아웃 앤 레릿 인 헤이 쥬드 비긴

You're waiting for someone to perform with.
유아 웨이팅 포 썸원~ 투 퍼폼 윗

And don't you know that it's just you.
앤 돈 추 노우 댓 잇츠 져스트 유

Hey Jude, you'll do.
헤이 쥬드 유일 두

The movement you need is on your shoulder.
더 무브먼트 유 니드 이즈 온 유어 솔~덜

.... Repeat

MUSIC STORY

이 노래는 비틀즈의 히트곡 중 하나입니다. 멤버인 존 레논이 부인과 이혼하고 일본인 오노 요코와 재혼을 하게 됩니다. 당시 존 레논에게는 어린 아들, 줄리앙 레논이 있었습니다. 아이들에게 큰 충격과 혼란인 부모의 이혼으로 정서적인 갈등과 괴로움에 빠져 방황하게 될 줄리앙 레논을 걱정하며 비틀즈의 멤버이며 존 레논의 친구인 폴 매카트니가 만든 노래라고 합니다. 처음엔 곡 이름을 존 레논의 아들 이름인 Hey Julian으로 했으나 노래가 빅 히트를 하게 되면서 Hey Jude로 바꾸었다고 합니다. 이 곡은 1968년 싱글 곡으로 발표되어 6주 동안 빌보드차트 1위에 올랐습니다.

대중음악 역사상 가장 성공적인 밴드로 불리는 비틀즈는 1964년부터 북미 활동을 시작하여 미국에서도 최고의 인기를 얻습니다. 소위 '브리티시 인베이전'(영국의 침공)이라 불린 비틀즈는 1970년 공식 해체했으며, 멤버들은 각자 솔로로 활동했습니다. 1970년까지 총 12장의 정규 음반을 발표했고, 세계적으로 10억 장 이상의 음반 판매고를 올려 가수 중 최고 기록을 가지고 있습니다.

빌보드 핫 100의 50년 역사상 20곡의 노래가 1위를 기록해 1위를 가장 많이 차지한 가수이며, 50여 개가 넘는 곡들이 톱 40위권을 기록했습니다. 비틀즈의 음악은 지금까지도 사람들이 즐겨 듣는 노래입니다.

가사 익히기 노래를 들으며 가사를 차근차근 읽어보세요.

You touched my life with a softness in the night.
❶ My wish was your command until you ran out of love.
Tell myself I'm free.
❷ Got the chance of living just for me.
No need to hurry home. Now that you're gone.

....

Knife, cuts like a knife.
How will I ever heal? ❸ I'm so deeply wounded.
Knife, cuts like a knife.
You cut away the heart of my life.
....

When I pretend, wear a smile
To fool my dearest friend.
❹ I wonder if they know it's just a show.
❺ I'm on a stage day and night.

I go through my charades.
But how can I disguise what's in my eyes.

.... Repeat

Oh, oh oh oh, oh oh oh oh, oh---
I've tried and tried lock it up
The pain I feel inside.
The pain of wanting you, wanting you.

.... Repeat

한글 해석

한글 가사를 읽으며 내용을 더 정확하게 이해하세요.

당신은 밤의 부드러움으로 내 삶을 어루만져 주었죠.
당신의 사랑이 끝나기 전까지 내 바램은
당신을 따르는 것이었어요.
난 이제 자유라고 자신에게 말해봅니다.
너만을 위한 삶을 살 기회를 잃게 되있어요.
서둘러 집에 갈 필요도 없어요.
이제 당신이 떠나버렸으니까요.

......

칼, 칼 같은 아픔.
어떻게 치유할 수 있을까요?
난 너무 깊이 상처를 입었어요.
칼, 칼 같은 아픔.
당신이 내 인생의 심장을 잘라버렸어요.

......

내가 억지웃음을 지으며
가장 친한 친구를 속이려 할 때
그건 단지 쇼라는 걸 그들이 아는지 궁금해요.
난 밤낮으로 무대 위에서
이 짓거리 놀이를 하는 것 같아요.
하지만 내 눈에 보이는 이 슬픔을
어떻게 숨길 수 있겠어요?

.... 반복

오오--- 난 노력하고 노력했어요.
내 마음의 고통을 감추려고.
당신을 원하는 이 아픔을. 당신을 원하는데.

.... 반복

1 My wish was your command until you ran out of love.

당신의 사랑이 끝나기 전까지 내 바램은 당신을 따르는 것이었어요.

직역하면 '나의 바램은 당신의 명령이었다.'입니다. 이 말은 사랑의 구속을 당하고 싶었다는 뜻입니다. run out of는 '~을 다 써버리다, ~이 없어지다, 바닥나다'라는 의미입니다.

★ **I've run out of gas.** 기름이 다 떨어졌어요.

2 Got the chance of living just for me.

나만을 위한 삶을 살 기회를 갖게 되었어요.

주어 I가 생략된 문장입니다. 이 문장은 가사의 흐름상 이별 후 스스로를 위로하기 위해 본심과는 반대로 말하고 있는 것입니다.

★ **I got the chance of going to America.** 난 미국에 갈 기회를 잡았어요.

3 I'm so deeply wounded.

난 너무 깊이 상처를 입었어요.

wounded는 wound '상처, 부상'의 형용사형으로 '상처를 입은, 부상당한'이라는 뜻입니다.

★ **I have a serious wound in the shoulder.** 나는 어깨에 심한 상처를 입었어요.

4 I wonder if they know it's just a show.

그건 단지 쇼라는 걸 그들이 아는지 궁금해요.

[wonder if+주어+동사] '~인지 궁금하다'는 회화에 자주 쓰이는 문형으로 의문문을 대신해 세련되게 물어볼 때 사용됩니다. [wonder+의문사+주어+동사]의 형태로도 활용됩니다.

★ **I wonder if you like Korean food.** 한국 음식을 좋아하는지 궁금해요.

5 I'm on a stage day and night.

난 밤낮으로 무대 위에 서 있어요.

의역하면 '계속해서 무대 위에서 연극하는 것처럼 아픔을 숨기려 하고 있다.'라는 뜻입니다.

★ **I think of you day and night.** 나는 밤낮으로 당신을 생각해요.

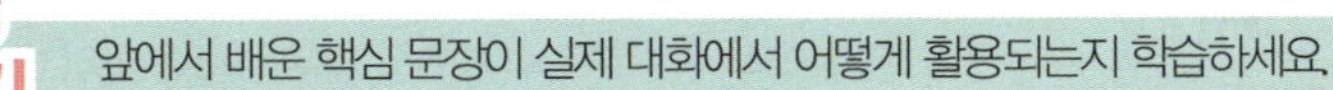

A: Oh, ❶ **Damn it**! How stupid I am!

오, 젠장! 난 참 바보 같아!

B: What's the matter?

무슨 일이야?

A: I've ❷ **run out of gas**. I ❸ **should have checked** it before we started.

자동차 기름이 다 떨어졌어. 출발하기 전에 기름을 확인했어야 하는 건데.

B: Don't worry. We'll find a gas station soon.

걱정 마. 곧 주유소가 나올 거야.

A: Oh, yeah! ❹ **God save us**! Look! There's one over there.

아, 그래! 어휴 놀랐다! 저기 봐! 저쪽에 주유소가 하나 있어.

B: See? I told you. ❺ **What a relief**!

그렇지? 내가 말했잖아. 다행이다!

표현 익히기

❶ '제장, 제기랄, 빌어먹을'이라는 의미이며 같은 표현으로 God damn it!이 있습니다.

❷ run out of는 '~을 다 써버리다, 닳아 없어지다'라는 의미입니다.
★ **I've run out of energy.** 난 힘을 다 써버렸어요.

❸ [should have+p.p]는 '~했어야만 했는데'로, 과거 사실에 대한 후회나 비난을 표현할 때 사용합니다.

❹ 여기서 save는 '구하다, 구조하다'라는 뜻으로, God save us! '어휴 놀랐다!, 다행이다!'라고 안심하는 상황에서 사용하는 말입니다.
★ **Save us from temptation.** 우리를 유혹으로부터 구해주소서.

❺ '다행이다!, 이제야 마음 놓인다!'라는 뜻으로, relief는 '안심, 위안'이라는 뜻입니다.

Knife

You touch**ed** my **life**
유　터~치드　마이 라잎

Wi**th a** softness in the nigh**t**.
위 더 쏘프트니스 인 더 나~잇

My wish was you**r** comman**d**
마이 위시 워즈 유어　커맨~드

Until you ran **out of** love.
언틸 유 랜 아우로브 럽~

Tell mysel**f** I'm **free**.
텔 마이쎌프 아임 프리~

Got the chance **of** living jus**t for** me.
갓 더 챈~스 오브 리빙 져슷 포 미

No need **to** hurry home.
노우 닛 투 허리 호옴

Now **that you're** gone.
나우 대 츄어 고~온

·······

Knife, cuts **like a** knife
나~잎 컷츠 라이커 나~잎

How will I e**ver** heal?
하우 윌 아이 에버 히일

I'm so deeply wound**ed**.
아임 쏘 디~플리 워언~디드

Knife, cuts **like a** knife
나~잎 컷츠 라이커 나~잎

You **cut** away the hear**t of** my life.
유 커러 웨이 더 하알~ 오브 마이 라잎

·······

When I preten**d**, **wear a** smile
웬 아이 프리텐~　웨어러 스마일

to **fool** my dea**rest friend**,
투 푸울 마이 디어리스 프렌~

I wond**er if** they know it's just **a** show.
아이 원더 이프 데이 노우 잇츠 져스터 쑈우

I'm on a stage day an**d** nigh**t**.
아임 온 어 스떼이지 데이 앤 나잇

I go **thr**ough my charades
아이고우 쓰루 마이 셔레~이즈

Bu**t** how can I disguise what's in my eyes.
밧 하우 캔 아이디스가이즈 왓츠 인 마이 아이즈

······· Repeat

Oh, oh oh oh, oh oh oh oh, oh---
오 오 오 오 오 오 오 오 오

I'**ve** trie**d and** trie**d** loc**k it up**
아입 추라이 댄 추라잇 라~키 럽

The pain I **f**eel insi**de**.
더 페인 아이 필 인싸잇

The pain **of** wanting you wanting you.
더 페인 오브 원팅 유~ 원팅 유우~

······· Repeat

노래 이야기

이 노래는 사랑하는 사람과 이별 후 혼자 자유롭게 살 수 있어 좋다고 스스로 말해 보지만 숨길 수 없는 아픔을 노래하고 있습니다. 첫사랑과의 이별의 아픔이 칼에 베인 상처처럼 아프다는 내용의 애절한 발라드인 이 곡은 한국인의 정서에 잘 맞는 곡이며, 국내에서도 선풍적인 인기를 끌었습니다. 1994년 멕 라이언과 앤디 가르시아 주연의 영화 〈남자가 여자를 사랑할 때〉에 삽입되어 더욱 사랑받았습니다.

가수 이야기

쿼엔(본명 Kennedy William Gordy)은 1964년 3월 15일에 태어난 미국 흑인 가수로, 팝과 R&B 장르의 음악을 했습니다. 미국 미시간주 디트로이트 출생으로, 1984년 데뷔앨범에 수록된 Knife는 빌보드 싱글 차트 2위, R&B 싱글 부문 1위에 올랐습니다. 그는 팝과 R&B, Rock을 포함한 독특한 스타일의 리듬 웨이브를 추구했으며, 베이스 기타, 키보드, 신시사이저, 그리고 드럼까지도 혼자 연주해내는 실력파 뮤지션입니다.

I Just Called To Say I love You

사랑한다 말하려고 전화했어요

Sung by Stevie Wonder

가사 익히기 노래를 들으며 가사를 차근차근 읽어보세요.

❶ No New Year's Day to celebrate.
No chocolate covered candy hearts to give away.
No first of spring, no song to sing.
❷ In fact here's just another ordinary day.

No April rain, no flowers bloom.
No wedding Saturday within the month of June.
But ❸ what it is, is something true
Made up of these three words that I must say to you.

....

❹ I just called to say I love you.
I just called to say how much I care.
I just called to say I love you.
And ❺ I mean it from the bottom of my heart.

....

No summer's high, no warm July.
No harvest moon to light one tender August night.

No autumn breeze, no falling leaves.
Not even time for birds
To fly to southern skies.

No Libra sun, no Halloween.
No giving thanks to
All the Christmas joy you bring.
But what it is though old so new
To fill your heart
Like no three words could ever do.

······ Repeat (×2)

한글 해석

한글 가사를 읽으며 내용을 더 정확하게 이해하세요.

새해를 축하하려는 것도 아니고요.
하트모양 사탕으로 만든 초콜릿을 주려는 것도 아니에요.
봄이 오는 첫날도 아니고, 불러줄 노래가 있는 것도 아니에요.
사실 오늘은 그냥 평범한 날일 뿐이에요.

4월 봄비가 내리는 것도 아니고, 꽃이 활짝 핀 것도 아니에요.
결혼식이 있는 6월의 어느 토요일도 아니에요.
하지만 그 말만은 사실이에요.
당신에게 꼭 해주고 싶은 말, 세 단어로 이루어진 말이요.

······

그냥 당신을 사랑한다는 말을 하려고 전화했어요.
내가 얼마나 당신을 아끼는지 말하려고 전화했어요.
그냥 당신을 사랑한다는 말을 하려고 전화했어요.
그 말은 진심이에요.

······

무더운 여름도 아니고, 따뜻한 7월도 아니에요.
부드러운 8월 밤을 빛내는 보름달이 뜬 것도 아니에요.
가을 산들바람이 부는 것도,
낙엽이 떨어지는 것도 아니에요.
철새들이 남쪽 하늘로 날아가는 시기는 더욱 아니에요.

천칭자리 얘기도, 할로윈 얘기도 아니에요.
즐거웠던 크리스마스의 감사 인사를 하려는 것도 아니에요.
좀 오래됐지만 새로운 말
다른 세 마디로 이처럼 당신의 마음을
채울 수는 없는 말이에요.

······ 2번 반복

❶ No New Year's Day to celebrate.

새해를 축하하려는 것이 아니에요.

미국에선 새해에 Happy New Year. '행복한 새해 되세요.'라고 인사합니다. 한국말로 '새해 복 많이 받으세요.'와 같습니다. 이 노래는 No~ '어떤 것도 ~아니다'를 반복해서 사용함으로써 운율을 맞추고 내용을 강조하고 있습니다.

★ **No parking** 주차금지　**No smoking** 금연　**No dumping** 쓰레기 투기 금지

❷ In fact here's just another ordinary day.

사실 오늘은 그냥 평범한 날일 뿐이에요.

in fact '사실은, 실은'은 문장 맨 앞에 자주 쓰이며, 같은 말로 actually, as a matter of fact 등이 있습니다.

★ **In fact I'm married and have two kids.** 사실 저는 결혼했고 아이가 둘 있어요.

❸ What it is, is something true.

그 말만은 사실이에요.

what it is는 '그게 말이죠, 내 말은요, 그건 그렇고' 등의 뜻으로 쓰이며, 미국의 일상적인 인사말인 What's up?과 같은 용도로도 사용됩니다.

★ **That's what it is.** 바로 그거예요, 그런 이유 때문이에요.

❹ I just called to say I love you.

그저 당신을 사랑한다 말하려고 전화했어요.

★ **I just called to say hello.** 그냥 안부전화 했어요.

❺ I mean it from the bottom of my heart.

그 말은 진심이에요.

I mean it. '진심이다.'와 같은 말로 I am serious.가 있습니다. from the bottom of my heart는 '내 맘 깊은 곳에서 우러나온 진심으로'라는 뜻이며, with all my hearts와 같은 표현입니다.

★ **Thank you from the bottom of my heart.** 진심으로 감사합니다.

A: Hello? Is this Gloria?

여보세요? 글로리아인가요?

B: Yes, ❶ **speaking**. ❷ **Who is calling**?

네, 접니다. 누구세요?

A: This is Sally, your English classmate.

나는 영어 과목을 함께 듣는 친구 샐리야.

B: Oh, hi, Sally. ❸ **What's up**?

오, 안녕, 샐리. 어쩐 일이야?

A: Well, I just called to say hello. What are you doing now?

그냥 안부전화 했어. 지금 뭐해?

B: I'm just studying English for the next lesson.

다음 수업을 위해 영어를 공부하고 있어.

표현 익히기

❶ Speaking. '접니다.'는 통화할 때 사용하는 표현으로, This is she(he) speaking.의 줄임말입니다.

❷ 좀 더 정중한 표현은 May I ask who is calling? '누구신지 물어봐도 될까요?'입니다.

❸ 이 표현은 구어체로 자주 사용되는 인사말입니다.

★ **What's new?** 뭐 새로운 일이라도 있나요?

★ **What's going on?** 웬일이에요?

★ **What's happening?** 무슨 일이에요?

I Just Called To Say I love You

No New Year's Day to celebrate.
노 뉴~ 이얼스 데이 투 셀~러브렛

No chocolate covered candy hearts to give away.
노 초콜릿 커벌드 캔디 하~알츠 투 기브 어웨이

No first of spring, No song to sing.
노 펄스트 오브 스프링 노 쏭 투 씽

In fact here's just another ordinary day.
인 팩트 히얼스 저슷 언아더 오디네리 데이

No April rain, No flowers bloom.
노 에이프럴 레인 노 플라월즈 블룸

No wedding Saturday within the month of June.
노 웨딩 쌔러데이 위딘~ 더 만쓰 오브 준~

But what it is, is something true
밧 와 리 리즈이즈 썸씽~ 추루

Made up of these three words that I must say to you.
메이드 업 오브 디즈 쓰리 워즈 대라이 머슷 쎄이 투 유

⋯⋯⋯

I just called to say I love you.
아이 저슷 콜~투 쎄이 알 러 뷰

I just called to say how much I care.
아이 저슷 콜~투 쎄이 하우 머치 아이 케어

I just called to say I love you.
아이 저슷 콜~투 쎄이 알 러 뷰

And I mean it from the bottom of my heart.
앤 아이 민 잇 프롬 더 바럼 오브 마이 할~트

⋯⋯⋯

No summer's high, No warm July.
노 써~멀스 하이 노 워~엄 줄라이

No harvest moon to light one tender August night.
노 할비스트 문 투 라잇 원 텐더 오거스트 나잇

No autumn breeze, No falling leaves.
노 오~텀 브리즈 노 폴링~ 리브즈

Not even time for birds to fly to southern skies.
낫 이븐 타임 퍼 벌즈 투 플라이투 써~던 스카이즈

No Libra sun, No Halloween.
노 리브라 썬 노 할~로~윈

No giving thanks to
노 기빙 땡스 투

All the Christmas joy you bring.
올 더 크리스마스 조이 유 브링~

But what it is though old so new
밧 와 리 리즈 도우 오울드 쏘 뉴~

To fill your heart like no three words could ever do.
투 필 유어 할~트 라잌 노 쓰리 워~즈 쿳 에버 두

⋯⋯⋯ Repeat (×2)

MUSIC STORY

이 노래는 사랑하는 사람에게 사랑 고백을 하려고 전화했다는 내용을 담고 있습니다. 특별한 날이라서 전화한 게 아니라 그저 사랑한다는 말을 하려 전화했다고 노래합니다. 당연히 전화해야 할 특별한 날을 16가지 나열하며 평범한 날에 전화한 것을 강조합니다.

이 곡은 1986년 영화 〈Woman In Red〉에 삽입되었습니다. 이 영화는 빨간 드레스를 입은 여인을 보고 출근길에 반하는 한 남자 회사원에게 벌어지는 이야기입니다.

가수 이야기

스티비 원더는 1950년 5월 13일 미국 미시간주에서 태어난 미국의 싱어송라이터이자 음반 프로듀서, 사회 활동가입니다. 그는 어려서부터 하모니카, 오르간, 피아노, 드럼 등 다양한 악기를 자유자재로 다뤄 음악 신동이라고 불렸습니다. 어릴 때부터 시각장애인이면서 연주와 노래 실력이 뛰어나 Wonder Boy라고 불렸는데, 어른이 되어 Stevie Wonder라는 예명을 갖게 됩니다.

1963년 그의 나이 12세에 첫 앨범 〈Little Stevie Wonder〉를 발표하였고, 이후 9개의 빌보드차트 1위 곡을 발표하는 등 지금까지 총 1억 장이 넘는 음반이 판매되었습니다. 30개 이상의 TOP 10 히트곡을 냈으며, 총 21회 그래미상을 받았습니다. 2009년에는 UN의 평화대사로 임명되어 활동하고 있습니다.

가사 익히기

노래를 들으며 가사를 차근차근 읽어보세요.

....

Oh, my love, my darling
❶ I've hungered for your touch
A long lonely time.
And ❷ time goes by so slowly.
And ❸ time can do so much.
Are you still mine?
I need your love.
I need your love.
God, speed your love to me.

....

❹ Lonely rivers flow
To the sea, to the sea
To the open arms of the sea.
Lonely rivers sigh,
'Wait for me, wait for me.'
❺ 'I'll be coming home, wait for me.'

.... Repeat

words

unchained
구속되지 않은, 사슬에서 풀린

hunger for ~을 갈망하다, 간절히 바라다

touch 접촉, 만짐

lonely 외로운

go by 지나가다(=pass)

mine 나의 것

river 강

speed
빨리 보내다, 빠르게 하다

flow 흘러가다

open 열린, 개방된

arm 팔

sigh 한숨짓다, 탄식하다

wait for ~를 기다리다

· · · · · ·

오, 내 사랑, 그대여
나는 당신의 손길이 너무도 그리웠어요.
너무나 외로운 긴 시간이었어요.
시간이 너무나 천천히 가네요.
시간은 많은 것을 할 수 있어요.
당신은 아직도 내 사랑일까요?
나는 당신의 사랑이 필요해요.
나는 당신의 사랑이 필요해요.
하나님, 사랑을 내게 보내주세요.

· · · · · ·

외로운 강물이 흘러가네요.
바다로, 바다로
저 넓은 바다의 품속으로
외로운 강물은 탄식하며 말하네요.
'날 기다려줘요. 날 기다려줘요.'
'집으로 돌아갈게요. 날 기다려줘요.'

· · · · · · 반복

① I've hungered for your touch.

나는 당신의 손길이 너무도 그리웠어요.

이 노래의 제목 unchained melody는 '구속되지 않은 사랑의 멜로디', 즉 자유로운 사랑의 노래를 뜻합니다. hunger는 명사로 '배고픔, 허기'라는 뜻이고, 동사 hunger for는 '~을 간절히 바라다, 열망하다'라는 뜻입니다.

② Time goes by so slowly.

시간이 너무나 천천히 가네요.

너무 힘들고 외로워 시간이 더디게 간다는 표현의 문장입니다. 반대말로 '세월 참 빠르다.'는 How time flies!, Time is flying, Time flies like an arrow. 등으로 표현합니다.

★ **Time is really dragging for me.** 시간이 참 더디게 가네요.

③ Time can do so much.

시간은 많은 것을 할 수 있어요.

시간, 즉 세월이 흐르면 많은 일들이 있을 수 있고 많은 변화가 있을 수 있다는 말입니다. 그래서 사랑하는 마음도 변하지 않을까 걱정하며 다음 가사에 Are you still mine?이라고 묻고 있습니다.

④ Lonely rivers flow to the sea, to the sea.

외로운 강물이 바다로 바다로 흘러가네요.

강물이 바다로 흘러가듯 외로운 나도 당신의 품으로 돌아가겠다는 의미입니다.

★ **Rivers flow into the ocean.** 강물은 바다로 흘러든다.

⑤ I'll be coming home, wait for me.

집으로 돌아갈게요, 날 기다려줘요.

★ **Will you wait for me here? I'll be back soon.**
여기서 날 좀 기다려줄래요? 곧 돌아올게요.

 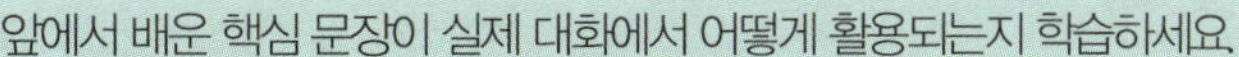

핵심 문장 활용하기

앞에서 배운 핵심 문장이 실제 대화에서 어떻게 활용되는지 학습하세요.

A: How time flies! **❶ It seems like yesterday we went to high school**.

세월 참 빨라! 우리가 고등학교 다닌 게 어제 같아.

B: Well, times goes by so slowly for me. My life seems boring.

글쎄, 내게는 시간이 아주 천천히 가. 인생이 지루한가 봐.

A: Oh, does it? I guess you need to find something exciting.

오, 그래? 너는 뭔가 흥미로운 것을 찾아야 해.

B: **❷ I guess so**, too. What excites you?

나도 그렇게 생각해. 무엇이 너를 가슴 떨리게 하니?

A: I started a new hobby, dancing. I **❸ get excited about** it.

나는 새로운 취미로 춤을 시작했어. 춤에 마음이 들떠.

B: Really? I think I should try to do it, too.

정말? 나도 그것을 해봐야겠구나.

표현 익히기

❶ [It seems like yesterday (that) 주어+동사]는 '~한 것이 어제 같다'라는 뜻이며, 시간이 너무 빨리 가서 오래전 일들이 어제처럼 느껴진다는 말입니다.

★ **It seems like yesterday we met first.** 우리가 처음 만난 것이 어제 같아요.

❷ 같은 표현으로 I think so. '나도 그렇게 생각해.'가 있습니다.

❸ excite는 타동사로 '~을 흥분시키다, 자극하다, 흥미를 일으키다'라는 의미입니다. get excited about[by, at]은 '~에 흥분하다, 들뜨다'입니다.

★ **What excites your heart?** 무엇이 당신의 가슴을 떨리게 하나요?

★ **What stirs you?** 무엇이 당신을 움직이게 하나요?

★ **What thrills you?** 무엇이 당신을 열광시키나요?

Unchained Melody

....

Oh, my love, my darling. I've hungered for your touch
오 마이 럽~ 마이 다알링 아이브 헝~걸드 퍼 유어 터~치

A long lonely time. And time goes by so slowly.
어 롱 로온리 타~임 앤 타~임 고오즈 바이 쏘 슬로~리

And time can do so much. Are you still mine?
앤 타임 캔 두 쏘 머치 아~ 유 스틸 마인

I need your love. I need your love.
아이 니쥬어 럽~ 아~이 니쥬어 럽~

God, speed your love to me.
갓 스피 쥬어 럽~ 투~ 미
....

Lonely rivers flow To the sea, to the sea
로온리 리벌스 플로우 투 더 씨 투 더 씨

To the open arms of the sea.
투 디 오픈 아암즈 오브 더 씨~

Lonely rivers sigh, 'Wait for me, wait for me.'
로온리 리벌스 씨이 웨잇 퍼 미 웨~잇 퍼 미

'I'll be coming home, wait for me.'
아일 비 커밍 호옴 웨잇 퍼 미~

.... Repeat

MUSIC STORY

이 곡은 어느 죄수의 사랑을 테마로 한 영화 〈Unchained Melody〉의 주제가입니다. 1965년 리바이벌해서 큰 성공을 거뒀고, 25년이 지난 1990년 개봉된 영화 〈사랑과 영혼〉에 삽입되어 또다시 큰 인기를 끌었습니다. 패트릭 스웨이지와 데미 무어가 주연한 이 영화는 죽음을 초월한 감동적인 사랑 이야기입니다. 제목 Unchained Melody와 같이 자유로운 사랑을 더욱 돋보이게 한 음악입니다.

멀리 떨어져 있는 사랑하는 연인에 대한 그리움을 표현한 곡으로, 나를 '외로운 강물'에, 상대를 '바다'에 비유하여 그대 곁으로 흘러가겠다고 노래합니다.

가수 The Righteous Brothers는 1941년 미국 남부 캘리포니아 태생으로 1963년 정식 데뷔했습니다. 동갑내기 백인 듀엣으로 'Blue Eyed Soul'(흑인 음악을 노래하는 백인)이란 캐치프레이즈처럼 백인임에도 흑인의 독특한 감각을 잘 파악하여 좋은 노래를 들려주었고, 흑인에게도 폭넓은 사랑을 받은 팀입니다.

Unit 44
Don't Forget To Remember Me

나를 잊지 말아 주세요

Sung by Bee Gees

가사 익히기   노래를 들으며 가사를 차근차근 읽어보세요.

Oh my heart won't believe
That you have left me.
I keep telling myself that it's true.
❶ I can get over anything you want, my love,
But I can't get myself over you.

....

❷ Don't forget to remember me
And the love that used to be.
I still remember you. I love you.
In my heart lies a memory
To tell the stars above.
Don't forget to remember me, my love.

....

On my wall lies a photograph of you girl.
Though ❸ I try to forget you somehow
❹ You're the mirror of my soul.
So take me out of my whole.
Let me try to go on livin' right now.

.... Repeat

그대가 내 곁을 떠났다는 것을
믿을 수가 없어요.
그것이 사실이라고 스스로에게 계속 말해요.
내 사랑 그대가 원하는 것이라면
어떤 것도 해낼 수 있어요.
하지만 당신만은 어떻게 할 수 없어요.

．．．．．．．

나를 잊지 말아 주세요.
그리고 우리의 지난 사랑도 잊으면 안 돼요.
나는 아직도 당신을 기억하고 사랑하고 있어요.
내 가슴에 추억이 남아 있어요.
저 하늘에 별들에게 들려줄 추억들이요.
그대여, 나를 잊지 말아 주세요.

．．．．．．．

벽에 당신 사진 한 장이 걸려있어요.
어떻게든 당신을 잊으려고 노력해 보았지만
당신은 내 영혼을 비추는 거울이에요.
그러니 제발 저를 구원해 주세요.
이제 계속 살아보려고 노력할게요.

．．．．．． 반복

•• words

believe 믿다

get over
극복하다, 해내다, 잊다

left 떠났다(leave의 과거형)

forget 잊다

remember 기억하다

used to+동사원형
~하곤 했다

memory 추억

photograph 사진

somehow 어떻게든지, 어쨌든

mirror 거울

soul 영혼

take someone out of
~를 ~에서 꺼내다

❶ I can get over anything you want.

당신이 원하는 것이라면 어떤 일도 극복할 수 있어요.

get over는 '~을 극복하다, 이겨내다, 해내다, 회복하다, 잊다'라는 뜻입니다.

★ **I'm so depressed. I just can't get over my ex-girlfriend.**
난 너무 우울해요. 헤어진 전 여자친구를 잊을 수 없어요.

❷ Don't forget to remember me.

나를 잊지 말아 주세요.

Don't forget me. '나를 잊지 마세요.'라고 말해도 되는데, Don't forget to remember me.
'나를 기억하는 것을 잊지 말아 달라.'고 표현하여 내용을 더욱 강조하고 있습니다.

★ **Don't forget to do your homework.** 숙제하는 것을 잊지 마라.

❸ I try to forget you somehow.

당신을 잊으려고 노력하고 있어요.

[try to+동사원형]은 '~하려고 노력하다, 시도하다'이고, somehow는 '어떻게든'입니다.

★ **Please try to understand me.** 나를 이해하려고 노력해 보세요.
Try to do your best. 최선을 다하려고 노력해 봐.

❹ You're the mirror of my soul.

당신은 나의 영혼을 비추는 거울이에요.

'당신을 보면 나를 알 수 있다, 당신이란 사람이 나의 영혼을 보게 해준다.'는 뜻입니다.

★ **The eyes are the mirror of the soul.** 눈은 영혼의 거울이다. (속담)

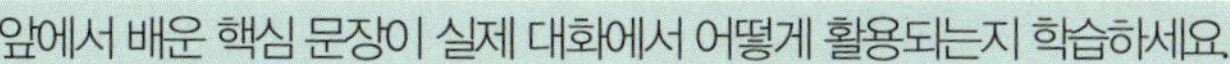

A: ❶ **Don't forget to do** your homework before you go out and play.

나가 놀기 전에 숙제하는 것 잊지 마라.

B: I know, Mom. I already did my homework.

알아요, 엄마. 벌써 숙제했어요.

A: ❷ **Good job**. Don't forget to lock the door when you go out.

잘했구나. 외출할 때 문 잠그는 것 잊지 마라.

B: Don't worry. I won't forget.

걱정 마세요. 안 잊을게요.

A: Please come back home early for dinner.

저녁 먹으러 일찍 집에 들어오너라.

B: Yes, I will be back around 6 o'clock. Will that be okay?

네, 6시쯤 돌아올게요. 그러면 괜찮을까요?

표현 익히기

❶ [Don't forget to+동사원형]은 '~하는 것을 잊지 마라'라는 뜻이며, 이러한 부정 명령문에는 No, I won't. '안 잊을게요.'라고 대답합니다.

★ **Don't forget to call me tonight.** 오늘밤 나에게 전화하는 것 잊지 마.

❷ 누군가 한 일을 칭찬할 때 You did a good job. '참 잘했어요.'라고 하는데 이 문장처럼 줄여서 Good job!이라고도 표현합니다.

★ **You did an excellent job.** 훌륭하게 잘했어요.

★ **Well done.** 잘했어요.

★ **Very good.** 아주 좋아요.

★ **Thumbs up.** 훌륭해요.

Don't Forget To Remember Me

Oh my heart won't believe that you have left me.
오 마이 하알~ 웡 빌리~브 댓 유 해브 레프트 미

I keep telling myself that it's true.
아이 켑 텔~링 마이쎌프 댓 잇츠 추루

I can get over anything you want, my love,
아이캔 갓~ 오버 애니씽 유 원 마이 러브~

But I can't get myself over you.
밧 아이 캔트 갓 마이쎌 오벌 유

· · · · · · ·

Don't forget to remember me
돈 포올갓 투 리멤~버 미

And the love that used to be.
앤 더 럽~ 댓 유스 투 비

I still remember you. I love you.
아이 스띨 리멤~버 유 아일 러~뷰

In my heart lies a memory to tell the stars above.
인 마이 하알~ 라이저 메~모리 투 텔 더 스딸즈 어바브

Don't forget to remember me, my love.
돈 포올갓 투 리멤~버 미 마이 럽~

· · · · · · ·

On my wall lies a photograph of you girl.
온 마이 월 라이저 포~로그래프 오브 유 걸

Though I try to forget you somehow
도우 아이 추라이투 포올갓 유 썸하우

You're the mirror of my soul. So take me out of my whole.
유아 더 미~러 오브 마이 쏘울 쏘 테익 미 아우 로브 마이 홀

Let me try to go on livin' right now.
렛 미 추라이투 고 온 리~빙 롸잇 나우

· · · · · · Repeat

MUSIC STORY

영국 출신의 3인조 그룹 비지스가 1969년 발표한 곡으로, 차트 순위와 상관없이 국내에서 큰 인기를 끌었던 곡으로 1년 내내 라디오에서 자주 들을 수 있는 노래입니다. 떠난 연인에 대한 아련한 추억과 자신을 잊지 말고 기억해달라는 내용을 담고 있습니다.

비지스는 1958년 호주 퀸스랜드주 브리즈번에서 배리 깁, 로빈 깁, 모리스 깁 세 형제가 결성한 팝 그룹입니다. 부모님과 함께 호주로 이민 온 깁 형제는 1967년, 가수 활동을 하기 위해 영국으로 돌아와 앨범 〈매사추세츠〉를 발표하여 크게 히트시켰습니다.

1960년대 소프트 록이라는 장르로 인기몰이를 하였으며 이는 70년대까지 이어졌습니다. 비지스는 환상적이고 감미로운 화음으로 1970년대 세계 대중음악계를 주름잡았습니다. 70년대 후반에 들어서는 디스코가 성행하였으며 비지스는 이 장르를 주도하는 그룹이 되었습니다. 그들의 대표 히트곡으로는 How Deep Is Your Love, To Love Somebody, Massachusetts, Holiday, You Win Again, Alone 등이 있으며, 1997년 로큰롤 명예의 전당에 올랐습니다. 지금까지 전 세계에서 2억 장 이상의 음반을 판매한 인기 그룹입니다.

I LOVE
POPS ENGLISH
아이 럽브
팝스 잉글리시